Teatro breve
para la clase y el escenario

Eduardo Cabrera

Contenido

Prefacio

La dramaturgia siempre se ha considerado un género literario por excelencia para epresentar las experiencias culturales y políticas de una sociedad; sin embargo, son escasos os textos y las antologías literarias que incluyen piezas de teatro como medios de instrucción para estudiantes de la lengua y de la cultura hispana. Es por ello que la colección de obras de Eduardo Cabrera resulta propicia para aquellos educadores interesados en incorporar textos teatrales en su currículo de enseñanza, ya sea como lecturas literarias, culturales o como textos para producción teatral. Esta antología puede utilizarse en cursos de lengua a nivel intermedio/avanzado, o como un texto complementario para clases de introducción a literatura o al teatro latinoamericano.

Uno de los aspectos más sobresalientes de la producción teatral de Cabrera es la variedad de temas y de estilos teatrales que incorpora, representando el patético realismo en obras como "Los inmigrantes", "El sueño de Juan Domingo", "La asociación" y "La televisión" o la ironía y la sátira características del teatro del absurdo en "Salamanca". La antología incluye además dos piezas originales que se ajustan a los registros particulares del teatro latinoamericano, como "Madre Tierra", cuya temática es afín con el teatro del oprimido, y "La desaparición del sonámbulo", farsa que esboza los atributos tragicómicos del sainete porteño.

La vasta galería de personajes refleja con gran emotividad los problemas más acuciantes que aquejan al hombre contemporáneo: la discriminación, el exilio, la alienación, el desarraigo, el egoísmo, la explotación, la influencia de los medios televisivos y la falta de comunicación. Temas y circunstancias que no sólo se prestan para desarrollar actividades de análisis crítico y fomentar el diálogo entre los estudiantes, sino que también son aptos para examinar las diferencias interculturales y sociales.

Cada una de las obras teatrales incluye dos segmentos de ejercicios relacionados con la lectura. "Antes de leer" desarrolla preguntas de aproximación al contenido de la obra, una lista del vocabulario más relevante y de expresiones utilizadas en el texto, mientras que "después de leer" amplía el análisis literario mediante preguntas de comprensión e interpretación.

Las obras breves de Cabrera resultan óptimas para profundizar en las distinciones socio-culturales y para afianzar tanto el conocimiento como la práctica de la lengua de los estudiantes de nivel intermedio y avanzado. *Teatro breve para la clase y el escenario* es un texto innovador e imprescindible para maestros y profesores interesados en estimular la lectura, la comprensión y la interpretación de la literatura hispana.

María Claudia André
Hope College

Teatro breve
para la clase y el escenario

Introducción

En la actualidad, la dicotomía entre texto dramático y texto espectacular puede considerarse anacrónica, pues cuando hablamos de teatro ambos están implícitos. Los dramaturgos escribimos teatro fundamentalmente para que nuestras obras sean representadas; es la puesta en escena la consecución de la meta principal. Precisamente entendemos por teatro la realización de un espectáculo basado en un texto dramático, o dicho de otra manera, la puesta en escena del mismo.

También podría considerarse otra falsa dicotomía a la división entre obras de teatro largas y obras breves. ¿Cuál es el límite en la extensión de una obra para considerarse breve? ¿Es el número de páginas o la duración de un espectáculo? Sin duda, es un error considerar una obra de teatro breve de menor calidad o importancia que una obra de teatro de duración "normal." Hoy en día muchos teatristas optan por montar espectáculos cuya duración no exceda de una hora. Tal vez la importancia del llamado "teatro de la imagen" ha tenido cierta influencia en dicha concepción, pues las imágenes bien concebidas y estructuradas, a veces pueden tener una significación mucho más interesante que las palabras mismas. ¿Por qué forzarse a escribir una obra de gran extensión si el tema y la estética elegida por el dramaturgo no lo requieren? Definitivamente no existe el reclamo, ni de parte de artistas ni de críticos, de que una obra de mayor extensión es más importante que una obra breve. Más aún, puede afirmarse que hay una gran necesidad de tener más obras breves (a veces llamadas de un acto), tanto en el ámbito educativo como en el estrictamente artístico. Además, otra razón para producir obras cortas de teatro tiene que ver con el tipo de público al que nos enfrentamos en la actualidad. Hay muchos jóvenes que están acostumbrados a cambiar de actividades con una mayor frecuencia que en tiempos pasados. La implementación de la tecnología, su evolución y cambio constante, hacen que las nuevas generaciones necesiten participar en actividades que no les exijan concentrarse por largos períodos de tiempo. Tal vez sea más fácil atraer a esos jóvenes al teatro (o a la escuela), con obras que puedan disfrutar sin exigirles una "inversión" de tiempo prolongado.

El ámbito de representación y estudio de obras breves también es un factor importante que debemos considerar. Tanto en las escuelas de arte dramático, como en las escuelas secundarias, las universidades y en los teatros mismos, las obras breves de teatro pueden tener una función de real envergadura. No sería exagerado señalar que la producción de obras cortas no ha ido a la par con la evolución de las sociedades. Es precisamente esa necesidad la que ha impulsado la publicación de este libro.

Recientemente tuve la oportunidad de "probar" el funcionamiento de algunas de las obras incluidas en este libro en la escuela John A. Ferguson Senior High School, de Miami. La profesora María Torrón-Gómez me invitó a dar un seminario a sus alumnos de la clase de español de *International Baccalaureate.* Cabe señalar que al aprobar el examen final de dicho curso, los alumnos reciben crédito en muchas universidades de los Estados Unidos. Me sorprendió el gran entusiasmo que esos estudiantes demostraron tanto respecto de los temas como de las estéticas de estas obras. Debido a la participación activa de esos alumnos pude comprobar que había podido conectar con éxito mi teatro con las nuevas generaciones. Efectivamente, tuve el mismo éxito con mis estudiantes al analizar esas obras en mis clases de Millikin University.

Elegir obras cortas de teatro, tanto para su estudio como para montarlas, no es una tarea fácil. Una de las dificultades con que docentes y estudiantes se encuentran frecuentemente es la de encontrar obras de actualidad, con la que los interesados puedan identificarse. Muchas veces, con el afán de buscar captar el interés de un número mayor de gente, se incluyen obras que son de carácter universalista, desprovistas de toda contextualización histórica. Sin embargo, hoy en día, a casi una década de comenzado el siglo, existe una necesidad de reflexionar sobre una temática propia del mundo global en que vivimos. Ello, dentro de un marco histórico y social absolutamente relevante. Por eso, por ejemplo, al referirnos al tema de la inmigración, nos enfocamos en una problemática que es crucial dentro de la región latinoamericana y, al mismo tiempo es un tema que concierne tanto a países desarrollados como del tercer mundo.

Otro de los problemas que surgen a la hora de elegir una obra está relacionado con su carácter discursivo y sus propiedades teatrales. El teatro es acción, imágenes, movimiento, y no solamente palabras. Casi siempre la palabra es un elemento importante, pero no deja de ser un elemento más dentro de la multitud de signos que se pueden encontrar en el ámbito teatral y del espectáculo. Ese ha sido un elemento fundamental al seleccionar las obras de la presente colección de obras cortas.

Considerando como una de las características "esenciales" del teatro su dualidad en tanto texto dramático y texto espectacular, las obras incluidas en este libro han sido escritas tanto para analizarlas y disfrutarlas por medio de su lectura como también a través del espectáculo que puede surgir del mismo. Precisamente, estas obras han sido escritas con el deseo de corporizarse en un escenario. Habrá de ser el director (o los directores) el que rellene los espacios de indeterminación que han quedado en los textos escritos. Y serán los lectores y los espectadores quienes terminarán de construir los significados de los mismos.

Dr. Eduardo Cabrera

Los inmigrantes

Antes de leer

I. Acercamiento al tema

1. ¿Cuántos inmigrantes hay en los Estados Unidos? ¿Cuántos están en forma indocumentada?
2. ¿Conoces a algún inmigrante?
3. ¿Qué piensas y qué sientes cuando escuchas noticias sobre los inmigrantes?
4. ¿Crees que los medios de comunicación hacen un tratamiento objetivo sobre los inmigrantes?
5. ¿Qué piensas sobre la deportación de los inmigrantes indocumentados?
6. ¿Cómo se podría ayudar a los inmigrantes?
7. ¿Cuáles crees que son las contribuciones que los inmigrantes hacen a la sociedad?

II. Vocabulario

Inmigrar:	to immigrate
emigrar	to emigrate
la migra	Service of Immigration
redada:	raid
achicarse:	to get frightened
movilizarse:	to mobilize
deportar:	to deport
avisar:	to notify
solicitar:	to solicit, to apply
ni siquiera:	not even
analfabetos:	illiterate
quejarse:	to complain
herir:	to wound, to hurt
desordenado:	untidy
aburrirse:	to get bored
anuncio:	advertisement
estímulo:	encouragement
sinvergüenza:	shameless
disfrutar:	to enjoy
fallecer:	to die
recuperar:	to recover
egoísta:	selfish

III. Expresiones

A la vejez viruela.
Más vale solos que mal acompañados.
Lavar el cerebro.
Nadie se baña dos veces en el mismo río.

Caer en gracia.
Reírse a carcajadas.
Creer en los Reyes Magos.

PERSONAJES

Raúl

Martín Hernández

Alicia Hernández

Leticia

Walter

Juan Carlos

Madre

Director de escuela

Viejo

Lugar: Los Angeles, California. Estados Unidos

Época actual.

CUADRO 1

Oscuro. Se escucha una sirena de auto de policía y se oyen los pasos de varias personas corriendo. Raúl aparece corriendo por platea seguido por una luz intensa. Cruza el escenario por el proscenio, delante del telón. Luces de colores lo encandilan. Desaparece por el lado izquierdo del escenario. Los pasos de personas que corren se escuchan más fuertemente; el sonido de la sirena también se oye más intensamente y luego decrece hasta desaparecer. Mientras se escucha golpear la puerta -sonido que proviene del sector izquierdo- se va abriendo el telón.
Sala pequeña de apartamento. Hay muy pocas cosas, pero bien distribuidas. Un cuadro moderno se destaca en la pared central.
Siguen tocando la puerta pero cada vez en forma más desesperada.
Aparece Martín en pijamas; se lo ve medio dormido, pues se acaba de levantar de la cama. Se apura a abrir la puerta y aparece Raúl)

Martín: (Sorprendido) Raúl, ¿qué te pasa?

Raúl: (Entra desesperado; rápido) ¡Cierra, cierra rápido la puerta!

Martín: Pero, ¿qué pasa?

Raúl: ¡Cierra la puerta, ya te voy a explicar, cierra, por favor!

Martín: (Cerrando la puerta) ¿Te persiguen?

Raúl: (Muy nervioso) Sí, la policía y la migra.

Martín: Siéntate y tranquilízate. Vamos.

Raúl: (Hablando muy rápidamente) Hicieron una redada en la fábrica. Cayeron casi todos. Yo me pude escapar pero me siguieron. Primero una camioneta del servicio de inmigración y luego se les unió un carro de policía.

Martín: Pero, ¿cómo? ¿Por qué?

Raúl: Ya sabes cómo son los de la migra. En cualquier momento te caen encima y te llevan. No perdonan a nadie. Se llevaron a todos, hombres y mujeres. No tienen piedad esos cabrones. (Tratando de calmarse) Pero bueno... ya pasó, ya pasó. (Suspira) Así es la vida, hombre.

Martín: (Preocupado) ¿Y ahora qué vas a hacer?

Raúl: Voy a llamar a la casa de algunos compañeros para informarles a los familiares. Por suerte tengo algunos números de teléfono. (Busca en sus bolsillos)

Martín: Me refería a qué vas a hacer de tu vida. Digo... sin trabajo ni nada.

Raúl: (Tratando de ser positivo) Bueno, todavía estamos aquí, ¿no? Yo vine sin nada, sin un centavo ni nada. Tendré que empezar todo de nuevo. (Sonríe) ¡Raúl no se achica nunca! (Transición) Los que me preocupan son los muchachos. Ellos sí que están fregados. Ahora los van a deportar y tendrán que volver a venir como sea. Lo peor es que con el calor que hace, el viaje es mucho más duro... y más arriesgado. (Sigue buscando en los bolsillos) ¡Pero la gran...!

Martín: ¿Qué buscas?

Raúl: La agenda. Se me debe haber caído cuando corría. Voy a tener que buscar en el directorio. ¿Me permites?

Martín: Sí, claro. Pero deberías descansar un poco antes... relajarte...

Raúl: En esto no se puede perder tiempo. Hay que movilizarse pronto o los deportan.

Martín: Pero, ¿y tú qué puedes hacer?

Raúl: Por lo pronto, avisarles a las familias. Después ya veremos. Tal vez se pueda hablar con algún abogado… no sé.

Martín: Bueno, mientras tú haces esas llamadas, yo me voy a cambiar.

Raúl: Está bien. (Martín comienza a caminar y Raúl lo detiene) Eh, Martín... Muchas gracias por tu apoyo.

Martín: No es nada. Tú harías lo mismo por mí.

(Raúl se acerca y se dan un fuerte abrazo. Apagón.)

CUADRO 2

Escena 1
(Alicia y Martín)

Martín está sentado en un sillón, estudiando. Entra Alicia con una carta.)

Alicia: (Contenta) ¡Hola, mi amor!

Martín: (Indiferente) Hola. (Se besan)

Alicia: (Que tenía una carta escondida) Mira lo que acaba de llegar.

Martín: (Frío) ¿Qué es?

Alicia: ¿Cómo "qué es"? Una carta. (Jugando) Adivina de quién es.

Martín: De tu mamá.

Alicia: No, Martín. (Con entusiasmo) De la escuela.

Martín: ¿Qué escuela?

Alicia: La escuela donde solicitaste empleo como maestro de educación física.

Martín: (Apático) Ah, ¿sí?

Alicia: (Al ver que Martín no reacciona) Pero, Martín: pon un poco de entusiasmo, ¿no? (Jugando) Te digo, no te digo... ¡te aceptaron!

Martín: Qué bueno.

Alicia: Por fin se nos hizo una. ¡Arriba el ánimo! (Más juego) Así es que ahora mismo llamas a tu madre y le das la noticia. Además, le tienes que contar también que te graduaste de la universidad.

Martín: No creo que le caiga muy en gracia.

Alicia: (Sorprendida) ¿Cómo que no?

Martín: Y claro. Me gradúo en sicología y consigo trabajo como maestro de educación física en una escuela primaria.

Alicia: Bueno, pero... eso es para empezar.

Martín: ¡Ja! Hace seis años que estamos empezando en este país.

Alicia:	Mira, hay gente que llegó hace diez años y todavía sigue en la misma situación. Por ejemplo, Alejandro...
Martín:	Sí, pero Alejandro era albañil en su país, y aquí sigue trabajando en lo suyo. En cambio yo era profesor en una escuela secundaria y mira ahora: (Con resentimiento) tengo que estar contento porque me nombren maestro de educación física en una escuela primaria.
Alicia:	Bueno, al fin y al cabo a la mayoría de la gente le va mucho peor; tienen que empezar lavando platos en un restaurante o lavando autos. Y muchas veces ni siquiera el sueldo mínimo les pagan. ¡Ah! Y sin ningún beneficio: ni seguro médico ni nada.
Martín:	Sí, pero esa mayoría de gente a la que te refieres no pasó años estudiando día y noche en la universidad como yo.
Alicia:	(Cansada de discutir) Bueno, no es para tanto, ¿no? No te pongas tan negativo.
Martín:	Ahí está esa maldita frase: (Remedándola) "no te pongas tan negativo."
Alicia:	Y claro, por eso es que no tenemos amigos. Con esa actitud alejas a la gente, Martín.
Martín:	¿A la gente? ¿A qué gente? A ese imbécil de Alejandro, que lo único que piensa es en juntar dinero para comprarse una casa rodante. Háblale de otra cosa y no sabe qué decir. ¿O a Walter y su pasión por el fútbol, también su único tema de conversación?
Alicia:	Bueno, no todos son iguales.
Martín:	No, tienes razón, no todos son iguales. Pero lamentablemente da la casualidad que las únicas personas latinoamericanas con las que nos hemos relacionado en la hermosa ciudad de Los Angeles son semi-analfabetos, o tienen la maldita costumbre de interesarse pura y exclusivamente en sus cosas personales, y especialmente en hacer dinero. Para ellos el concepto de amistad no existe.
Alicia:	Bueno, pero como dice Raúl, ahora que vas a comenzar un posgrado te vas a poder relacionar con otro tipo de personas.
Martín:	Es que... tú no entiendes. En este país la idea de amistad, como nosotros la concebimos, no existe.
Alicia:	Vamos, vamos... no exageres.
Martín:	¿Que no exagere? Se ve que todavía no captaste cómo es la idiosincrasia de la gente que vive en este país. Te podría dar muchísimos ejemplos. Sin ir más lejos, el trimestre pasado tomé la clase "Sociología de las emociones". El profesor habló de todas las emociones que existen, y de todos los tipos de

relación posible entre dos seres humanos. Como te imaginarás, esperé ansiosamente la llegada del tema de la amistad. Y por fin, llegado el momento, ¿sabes lo que dijo el profesor? Que no tenía nada que comentar al respecto, porque para la gente de este país la amistad no era una cosa importante.

Alicia: ¿Y tú?

Martín: ¿Yo qué?

Alicia: ¿Qué le dijiste?

Martín: Nada. ¿Para qué voy a discutir? Si yo estoy de acuerdo. Yo también pienso que para ellos la amistad no significa nada.

Alicia: Bueno, bueno. No discutamos más. Llama a tu madre y le cuentas, ¿sí? (Se entristece)

Martín: Está bien. (Pausa. Cambiando de actitud. Se acerca a Alicia) Discúlpame. A veces me pongo nervioso y... (Se abrazan)

Alicia: (Tratando de ocultar que está llorando) Pero si yo te entiendo. Lo único que quiero es verte contento.

Martín: (Inocente) ¡Mi amor! Estás llorando.

Alicia: No, no. Qué va.

Martín: Mira, ahora mismo llamo a mi madre, y luego nos vamos a cenar afuera. ¿Te parece?

Alicia: (Secándose las lágrimas. Alegre) ¿De veras?

Martín: Claro. Y si quieres, después podemos ir al cine.

Alicia: (Romántica) No, no. Prefiero que estemos solos.

Martín: Está bien; como quieras. (Se besan)

Alicia: Llama a tu madre; se va a poner muy contenta.

Martín: Sí. (Se dirige hacia el teléfono)

Alicia: Y no te olvides de decirle lo de tu graduación.

Martín: Claro. (Disca) Hola, mamá. ¿Cómo estás? (Se asusta) ¿Qué? (Transición) Pero mamá, te dije que te cuidaras en las comidas. ¿Cuánto tiempo estuviste internada en el hospital esta vez? ¿Tres días? Pero... ¿ya estás mejor? (Escucha. Triste) No, ya te dije que todavía no puedo salir del país... hasta que me llegue la tarjeta de residencia. (Molesto) No exageres, mamá. Te aseguro que más de un año no pasa. (Más molesto) ¡Pero te digo que no depende de mí!

Alicia: Cálmate.

Martín: (Sigue hablando por teléfono) Bueno, cambiemos de tema, ¿no? (Escucha) ¿Cómo no me va a importar tu salud? No podemos... (Se interrumpe) Es que quiero contarte algo sobre mis estudios. Me gradué de la universidad... en sicología. (Sorprendido) ¿Qué? (Se le transforma el rostro completamente) Bueno, mamá. Te llamo el mes que viene otra vez. Sí. Un beso... chau.

Alicia: (Ansiosa) ¿Qué te dijo? (Martín no responde) Te pregunto qué te dijo tu mamá.

Martín: ¿Sabes lo que me dijo cuando le conté lo de mi graduación? (Sin esperar respuesta) "¡A la vejez viruela!"

Alicia: (Sorprendida) ¿Qué?

Martín: Así como lo oyes: "a la vejez viruela." ¿Qué te parece?

Alicia: (Con una sonrisa forzada) No entiendo. ¿Qué quiso decir?

Martín: ¿Cómo no entiendes? Que ya era hora; que a mi edad ya tendría que haberme graduado hace años...

Alicia: Lo que pasa es que está muy enferma. ¿Por qué no le contaste acerca de tu nuevo trabajo?

Martín: ¿Para qué? ¿Para que se ría, como tú? ¿O para que me repita "a la vejez viruela"?

Alicia: No me estaba riendo. No esperaba esa respuesta de tu madre. (Tratando de cambiar de tema para alegrar a Martín) ¡Ah! Me olvidaba decirte que Walter y Leticia nos invitan a cenar esta noche.

Martín: ¿Cómo? ¿No íbamos a salir solos?

Alicia: Me había olvidado completamente de esa invitación. Discúlpame. Como pensé que te gustaría la idea, les dije que sí. Pero si no quieres, los llamo y les digo que no podemos. Les puedo decir que no me siento bien y...

Martín: (Interrumpiéndola) No. Mejor vamos. Tal vez el estar con más gente me haga olvidar la conversación que tuve con mi madre. Además, siempre nos quejamos porque no tenemos con quien salir, y una vez que nos invitan no vamos a negarnos. (Se queda absorto en sus pensamientos)

Alicia:	Martín...
Martín:	¿Qué?
Alicia:	Si no te sientes bien mejor nos quedamos.
Martín:	(Como si no la hubiera oído) Recuerdo la despedida que me hicieron mis amigos antes de venirme. El restaurante se llenó de gente. (Gozando) Había un clima de alegría que nunca más llegué a sentir. (Martín y Alicia se quedan a un lado del escenario, a oscuras, viendo hacia donde aparecerá una pantalla)

Escena 2

(Disminuye la intensidad de la luz, baja una pantalla blanca de grandes proporciones en la que se proyecta la imagen distorsionada de Martín. Música rock. Todas las voces siguientes saldrán de la película proyectada)

Voz de mujer: ¿Bailamos Martín?

Voz de Martín: Sí, vamos. (Se ve en la proyección de la pantalla que Martín comienza a bailar muy divertido, mientras se van agregando numerosas voces animadas)

Voz de maestro de ceremonia: Y ahora, señoras y señores, vamos a hacer un concurso de baile.

Voz de gente: (Gritando) ¡Bravo, bravo!

Voz de maestro de ceremonia: Elegiremos a la pareja que demuestre más originalidad. Habrá un premio sorpresa. (Martín sigue bailando muy contento, y haciendo movimientos no convencionales. Se lo ve muy distinto que en la escena anterior: aparece completamente desinhibido, gozando intensamente y expresándose relajado y con amplios movimientos corporales. Se siente libre) Ya tenemos a la pareja ganadora.
Ese muchacho de camisa azul con la muchacha de la flor en la cabeza. Un fuerte aplauso, por favor. (Martín salta muy feliz. Su imagen sigue distorsionándose) Y aquí tienen su premio. (Martín toma una botella de champaña y comienza a echarse el líquido en la cabeza. Se escuchan muchos aplausos. Cambia la luz: igual a la escena anterior; al mismo tiempo sube la pantalla)

Escena 3
(Martín y Alicia)

Martín: Fue algo increíble. Siempre fui muy tímido, pero esa noche me sentía... no sé... como libre, y muy feliz. Como si la vida o Dios me hubiera querido mostrar, en una pequeña escena, lo mucho que iba a dejar en mi país. (Transición) ¿Te das cuenta, Alicia? Aquí nunca podré tener el calor de mis amigos... nunca. (Pausa) Nunca pensé que tendríamos que vivir esta clase de vida.

Alicia: (Abrazándolo) Yo estoy feliz contigo. No necesito nada ni a nadie más.

Martín: Discúlpame. (Separándola de su cuerpo) No quiero herirte, pero no puedo decir lo mismo. Te quiero mucho pero... también necesito todo lo demás.

Alicia: Te entiendo. Pero vas a ver que con el tiempo...

Martín: (Interrumpiéndola) Si realmente me entiendes, sabes que con el tiempo nada se soluciona. Lo único que cambia es la actitud de uno.

Alicia: ¿La actitud?

Martín: Y sí. Uno se vuelve menos exigente, más conservador. O tal vez más conformista. (Transición) Pero aún no, Alicia. Todavía me queda algo de energía como para seguir pretendiendo... sí, como para seguir pretendiendo que "milagrosamente" algo suceda, y se llene este vacío profundo que siento en mi interior. (Se abrazan, y gradualmente se apaga la luz)

CUADRO 3

Escena 1
(Leticia, Walter, Alicia y Martín)

Sala con muebles viejos. Decoración de mal gusto, con cuadros muy ordinarios. Debe verse todo muy desordenado. Tocan el timbre. Walter está tomando una cerveza. Leticia abre la puerta. Entran Martín y Alicia)

Leticia: Hola, ¿cómo están?

Alicia: Hola; muy bien, gracias. ¿Y ustedes?

Leticia: Bien. Justamente estaba terminando de preparar la comida.

Walter: (Sin dejar su botella) Adelante, adelante. ¿Cómo están?

Martín: (Sonriendo) La verdad es que bastante bien.

Walter: ¿Qué pasa, hombre? Estás desconocido. No me digas que te ganaste la lotería.

Leticia: (Interrumpiendo) Con permiso. Voy a seguir preparando la comida.

Alicia: Permíteme pasar al baño, por favor.

Leticia: Ven, pasa, pasa. (Las dos mujeres salen)

Walter: ¿Una cerveza?

Martín: Bueno, gracias. (Walter sale mientras Martín se sienta. En seguida entra Walter con dos botellas de cerveza)

Walter: (Dándole el vaso y sentándose) ¡Ah! ¡Estoy muerto! Hoy jugamos un partido de futbol tremendo.

Martín: ¿Ah, sí?

Walter: Claro. ¿No te acuerdas que todos los domingos nos reunimos con los Muchachos para jugar un partidito?

Martín: Sí, sí, cómo no.

Walter: Siempre te invitábamos, pero como nunca venías ya no te invitamos más.

Martín: Lo que pasa es que ustedes siempre se reúnen los domingos a las tres de la tarde. Se corta todo el día.

Walter:	¿Y qué quieres? Si lo hacemos por la mañana no viene nadie; algunos van a la iglesia. Además, los domingos no trabajas, ¿no?
Martín:	Así es, pero generalmente salgo a pasear con Alicia.
Walter:	¿Y no te aburres de salir tanto con Alicia?
Martín:	(Sorprendido) ¿Cómo me voy a aburrir? (Transición) Claro que nos gustaría que viniesen con nosotros, pero ustedes tampoco nunca vienen cuando los invitamos a salir.
Walter:	En fin. La cuestión es que hoy te perdiste un partidazo. Y no es porque sea un fanfarrón, pero la verdad es que cada vez juego mejor (Ríe a carcajadas).
Martín:	Qué bien. Te felicito.
Walter:	Si tuviese un par de años menos, te juro que me presentaría a algún equipo profesional para que me probaran. (Sigue riéndose. Pausa) Bueno, pero... cuéntame, cuéntame. ¿Cómo van tus cosas? ¿A qué se debe tanta alegría? ¿Sigues estudiando en la universidad?
Martín:	Sí. Afortunadamente me va bastante bien.
Walter:	Es difícil, ¿no? (Jugando) Pero claro... como tú ya habías estudiado en tu país, corres con ventaja, ¿eh? (Le da un puñetazo y ríe a carcajadas).
Martín:	Bueno, la verdad es que había estudiado, pero aquí estoy tomando otras materias y...
Walter:	Sí, pero de todos modos... No me vas a decir que es lo mismo que para alguien que nunca ha estudiado.
Martín:	Tienes razón. Cambiando de tema, te quería contar que estoy contento porque me acaban de nombrar maestro de educación física en una escuela. (Aparecen Alicia y Leticia)
Walter:	Bueno, bueno. No es momento de hablar de trabajo. Vamos a comer. Leti: ¿ya está la comida?
Leticia:	(Alegre) ¡A punto! Siéntense, por favor, que voy a servir.

(Martín, que había quedado desconcertado por la última respuesta de Walter, se queda parado. Walter y Alicia se sientan. Leticia sale e inmediatamente regresa con una bandeja de comida)

Leticia:	Martín, siéntate donde quieras.
Martín:	Sí, gracias. (Se sienta al lado de Alicia. Leticia sirve y se sienta)

ᴌeticia:	(A Alicia) ¿Cómo te va con tus alumnos?
ᴬlicia:	La verdad es que no muy bien.
ᴡalter:	¿Sigues con las clases particulares?
ᴬlicia:	Sí, pero cada vez me cuesta más conseguir estudiantes. Además, el problema es que para cada alumno tengo que viajar muchísimo. El que vive más cerca está a más de una hora de mi casa.
ᴌeticia:	¿Y por qué no publicas un anuncio en el periódico?
ᴬlicia	Ya lo hice, pero no me dio muy buenos resultados.
ᴌeticia:	Ay, querida. Por eso yo nunca me he querido meter en eso.
ᴡalter:	Y por eso mismo siempre le digo a Leticia: vámonos de regreso... si aquí no hemos podido ahorrar ni un centavo en siete años...
Leticia:	(Disgustada) Claro, pero yo no pierdo las esperanzas; tengo una amiga que está por abrir un salón de belleza y me ofreció trabajar con ella. Si todo sale como pensamos nuestra situación cambiaría muchísimo.
Walter:	Pero no, Leti, no le creas a esa loca de Lucía. (Leticia, molesta, le hace señas para que se calle) Siempre tiene los mismos delirios. Cuando no es un salón de belleza es una lavandería o una casa de venta de regalos. Una vez, hasta se le ocurrió poner un restaurante. ¡Y ni siquiera sabe hacer un huevo duro! (Se ríe mientras Leticia se enoja más) Además, ¿me quieres decir de dónde va a sacar el dinero para poner un negocio?
Leticia:	Y... ella dice que el hermano le ayudaría.
Walter:	¡Ja! Tú crees en los Reyes Magos, todavía. Tan tonto no creo que sea el fulano ese. Le debe estar siguiendo la corriente nomás.
Leticia:	(Más molesta) Mira que eres negativo, eh.
Walter:	(Riéndose) ¿Yo negativo? Pero no. Lo que quiero es que pongas los pies en la tierra. Aquí no se puede poner un negocio sin tener una base de, al menos, varios miles de dólares. Este país es para los ricos, no para los pobres muertos de hambre como nosotros.
Martín:	(Que se había mantenido a la expectativa) No pensaba que les iba tan mal...
Walter:	(Molesto) ¿Y quién dijo que nos va mal? ¡Eh...no! Lo que pasa es que nos dimos cuenta de que este país no es para nosotros. Y nada más. ¿O acaso me vas a decir que ustedes están bien aquí?

Martín: No, la verdad que no, pero...

Alicia: (Interrumpiéndolo) Lo que nos molesta a nosotros es la falta de amigos. Tal vez sea porque no hemos dado con gente como nosotros... (Agrega rápidamente) y como ustedes. No sé... aquí la mayoría de la gente parece estar muy preocupada por sus propios problemas, e importarle muy poco lo que les pasa a los demás. Es como si la amistad no... no existiera.

Leticia: ¿Te parece?

Alicia: Y sí. A veces uno tiene la necesidad de hablarle a alguien y de sentir que te están escuchando... con interés. Alguien que pueda comprender lo que te pasa.

Martín: (A Leticia) Para mí, lo peor no es cuando tengo algún problema. Todo lo contrario. Lo peor es cuando me pasa algo bueno y no tengo a quien contárselo. Es como si no existiera ningún estímulo para hacer nada. Por supuesto que siempre con Alicia hablamos, pero siento como... una necesidad interior de compartir las cosas buenas también con amigos. ¿Me entiendes?

Leticia: Sí, sí, te entiendo. Pero nosotros tenemos muchos amigos. Amigos hay en cualquier parte, ¿no es cierto? Por ejemplo en el partido de hoy... jugaron más de diez muchachos. Y eso que faltaron algunos que siempre juegan.

Walter: (Bromeando) Muchachos, muchachos... gracias por lo que me toca.

Leticia: Y sí. No son viejos, ¿no? Y la verdad es que todos son muy buenos.

Martín: Por ejemplo... con ustedes. Sí, con ustedes. Sólo nos hemos reunido tres veces en los últimos dos años. (Walter y Leticia se miran desconcertados)

Alicia: Es cierto. La primera vez fue cuando se murió don Alberto. ¿Se acuerdan? El de la florería.

Leticia: Yo no lo conocía. (Sonrisita) En realidad... fuimos sólo por cumplir.

Alicia: Después, el año pasado, nos vimos en la reunión que organizó aquella asociación cultural hispana... ¿cuál era su nombre?

Walter: Del nombre no me acuerdo, pero de lo que sí me acuerdo es de que había puros viejitos. Creo que el más joven tenía como ochenta años (Ríe a carcajadas).

Leticia: ¿Y la tercera vez? ¿Cuál fue?

Martín: ¡Esta! Mucho que digamos no les gusta reunirse.

Walter: La culpa no es mía. Cuando te invito a jugar un partido de fútbol siempre dices que no puedes.

Martín:	Ya te dije que nosotros generalmente salimos juntos, especialmente los domingos.
Walter:	¿Y entonces? ¿Para qué nos vamos a reunir? ¿Para que nos hables de problemas "filosóficos" o "psicológicos" que ni siquiera entendemos? ¿O de tus problemas *existenciales*? (A él mismo le cae en gracia la palabra que utilizó y se echa a reír a carcajadas)
Alicia:	(A Walter) Martín nunca habla de esos temas cuando estamos con ustedes.
Leticia:	¡¿Eh?! ¿Por qué? ¿Acaso crees que no vamos a entender? Tan brutos no somos.
Alicia:	Yo no dije eso. Lo que quise decir es que siempre tratamos de hablar de temas que puedan ser interesantes para todos.
Leticia:	Nosotros también. (Irónica) Ya sé que no tenemos tanta educación como ustedes, pero te repito: tan brutos no somos.
Martín:	Mejor cambiemos de tema, ¿no?

(Todos comen. Nadie se anima a hablar por un buen momento, hasta que al fin...)

Martín:	¿De veras que piensan regresar?
Walter:	Y claro. ¿Para qué nos vamos a quedar? ¿Para vivir siempre amargados como...? (Se interrumpe)
Martín:	Como nosotros.
Walter:	No, no. No quise decir eso.

(Martín arroja su servilleta a la mesa y se levanta)

Alicia:	¿Qué haces?
Martín:	Nos vamos.
Alicia:	Pero, Martín...
Walter:	Martín... (Titubeando) No lo tomes así... yo...
Martín:	No te preocupes. Todo está bien. Gracias por la cena. (A Alicia) Vamos.
Alicia:	Adiós. (Le da un beso a Leticia) Gracias por la cena. (A Walter) Nos vemos.
Walter:	Nos vemos. (A Martín) Discúlpame si te ofendí.

Martín: Buenas noches.

Leticia: (Buscando palabras) Gracias por haber venido...

(Martín y Alicia salen)

Escena 2
(Leticia y Walter)

Leticia: (Con gesto de sorpresa) Yo no entiendo nada.

Walter: Y bueno. La gente es muy desagradecida. ¿Qué pretenden? ¿Que les consigamos muchos amiguitos para que no se aburran?

Leticia: No, lo que pasa es que son unos aprovechados; quieren que uno les solucione todos sus problemas personales... y encima ponen mala cara.

Walter: ¡Envidia! Eso es lo que pasa. Tienen envidia.

Leticia: Qué me importa. Pero que no me vengan con historias. Los invitamos a comer y no están conformes. ¿Qué más quieren?

Walter: Que no vengan más, eh. No quiero que esa gente vuelva a pisar esta casa.

Leticia: Muy sinvergüenzas tendrían que ser para volver a aparecerse por aquí.

Walter: Y, así de raros como son... no me extrañaría nada.

Leticia: Ya no hablemos más de esa gente, por favor.

Walter: Eso. Disfrutemos de esta comida deliciosa que preparó mi querida esposa. Ellos se la pierden.

Leticia: Claro. Mira... más vale solos que cuando acompañados.

Walter: Que "mal acompañados"... así se dice.

Leticia: ¿Y yo qué dije? ¿Acaso no dije eso?

Walter: (Comienza a reírse a carcajadas. Leticia lo sigue) No, no dijiste eso. Dijiste "cuando", eso dijiste, "cuando". (Desborde de risa de ambos)

(Una música muy alegre irrumpe en escena con gran intensidad. Y lentamente la luz disminuye hasta apagarse)

CUADRO 4

Escena 1
(Martín y Juan Carlos)

(Casa de Martín. Este está sentado en un sillón, estudiando. Tocan el timbre. Martín abre la puerta y aparece Juan Carlos)

Martín: ¡Hola, Juanca! Bienvenido.

Juan Carlos: ¿Cómo estás, Martín? (Se dan un abrazo)

Martín: Bien. Adelante, adelante. Siéntate. ¿Cuándo llegaste?

Juan Carlos: Ayer.

Martín: Lindo viajecito hiciste, ¿eh?

Juan Carlos: (Sonriendo) Se me pasó el tiempo volando.

Martín: Un mes entero recorriendo toda latinoamérica. ¡Ja! ¿Qué tal, eh?

Juan Carlos: No exageres. Sólo fueron tres países.

Martín: ¿Y qué te parece? Qué más quisiera yo que poder visitar tres países.

Juan Carlos: En fin... lo más importante es que pude visitar "nuestro querido país." (Esta frase la ha dicho con un dejo de angustia)

Martín: ¿Qué pasó?

Juan Carlos: Mira... ni siquiera quiero nombrarlo, porque siento una angustia que me... (Hace fuerza para tratar de evitar llorar, pero no puede contener las lágrimas)

Martín: ¡Eh! ¿Qué pasa, Juanca? (Paternal) Ven, siéntate. A ver, cuéntame qué pasó en el viaje.

Juan Carlos: Sabes lo que significaba ese viaje para mí, ¿no?

Martín: Y, sí... Es lo que todos deseamos.

Juan Carlos: Así es. Parece mentira, ¿no?

Martín: ¿Qué?

Juan Carlos: Estamos años luchando duramente para lograr que nos den una tarjeta de residentes legales de los Estados Unidos, y cuando por fin lo logramos volvemos desesperadamente al terruño. Es irónico, ¿no?

Martín:	Y no, ¿por qué? Siendo ilegal uno no se puede arriesgar a viajar fuera del país. Además es algo natural. El amor a la tierra en que uno nace no se pierde nunca. (Con nostalgia) Mucho menos el amor a los seres queridos.
Juan Carlos:	(Con dolor) ¡Siete años pasé deseando poder viajar, y ahora... (Se tapa los ojos)
Martín:	(Sin saber qué hacer) Bueno, bueno. No te pongas así.
Juan Carlos:	Es que... mira: primero, cuando falleció mamá, y en la oficina de inmigración no me quisieron dar el permiso para viajar, yo... (Da vuelta la cara para no enfrentar a Martín)
Martín:	(Poniéndole una mano en el hombro) De todos modos... no hubieras podido hacer nada.
Juan Carlos:	¡Y qué importa! (Resentido) Aunque sea muerta la hubiera querido ver.
Martín:	(Pausa) Tranquilízate y... cuéntame cómo te fue en el viaje.
Juan Carlos:	Sí, en realidad no tengo derecho a amargarte.
Martín:	¿Viste a los muchachos del club?
Juan Carlos:	(Triste) A muy pocos. (Pausa)
Martín:	¿Viste a Felipe?
Juan Carlos:	De ese... mejor ni me preguntes.
Martín:	¿Pero cómo? Se supone que era tu mejor amigo, ¿no?
Juan Carlos:	Tú lo has dicho, ¡era!
Martín:	¿Qué pasó?
Juan Carlos:	¿Sabes lo que me dijo? Que yo estaba muy cambiado, que me había transformado en un completo materialista, y que los gringos me habían lavado el cerebro.
Martín:	(Sorprendido) ¿Eso te dijo?
Juan Carlos:	Y eso no es nada. Cada cosa que me decía era para agredirme.
Martín:	Es increíble.
Juan Carlos:	Le mostré un reloj barato que me había comprado... lo pagué menos de diez dólares... Y me dijo que esa porquería no se la pondría ni regalada. Y que en lo

único que yo pensaba era en comprar cualquier cosa. Que yo me había convertido en un consumista empedernido.

Martín: Qué raro.

Juan Carlos: Una noche fuimos a cenar, y después de haber discutido durante dos horas, cuando quise pagar la cuenta me dijo que aunque él era pobre todavía le quedaba un poco de orgullo y dignidad. Y que haciendo alarde del dinero que tenía yo no iba a convencer a nadie.

Martín: Pero él creerá que vivimos bañándonos en dólares. No le explicaste que...

Juan Carlos: (Interrumpiéndolo) Claro que le expliqué que vivimos mucho peor que como vivíamos allá.

Martín: ¿Y entonces?

Juan Carlos: No sé qué le pasa.

Martín: Bueno, pero me imagino que por lo menos habrás paseado bastante, ¿no?

Juan Carlos: Sí, pero... sólo... como un loco.

Martín: ¿Fuiste al teatro?

Juan Carlos: No era temporada. Acuérdate que en diciembre está todo bastante muerto en la

capital.

Martín: ¿Y qué hiciste entonces?

Juan Carlos: Los primeros días caminé como un loco, sin ninguna dirección. Trataba de hablar con la gente y no podía. Por un lado, me angustiaba ver tanta miseria, cada vez más. Pero también... no sé... Hasta sentí que la gente había cambiado la forma de hablar. No sólo la sentí más agresiva y como... resentida, sino que también percibí que el tono de voz había cambiado.

Martín: Es nuestro oído el que va cambiando.

Juan Carlos: Un día pasé varias horas sentado en una cafetería mirando a la gente que pasaba. La mayoría de las caras reflejaban una profunda tristeza. El único rostro feliz era el de un pobre hombre que estaba tirado en el suelo comiendo desperdicios.

Martín: Me imagino cómo te habrás sentido.

Juan Carlos:	Me sentí en todo momento como un extranjero. ¿Te das cuenta? Como un extranjero en mi propia tierra. (Pausa) Después de unos días, desesperado, me encerré en un hotel a ver televisión.
Martín:	(Sorprendido) ¿Qué?
Juan Carlos:	Y claro. Aunque sea, me dije, voy a tratar de conectarme un poco más con esa realidad que había pasado a ser nueva para mí, y que ya no entendía. (Pausa) Pero todo fue en vano. Ni siquiera los programas de televisión pude entender.
Martín:	¿Te parecieron mejores o peores que los de aquí?
Juan Carlos:	Ni mejores ni peores... me parecieron raros.
Martín:	¿Raros?
Juan Carlos:	Y sí, ¿qué te puedo decir? Raros. No se parecen en nada a los programas que yo veía hace siete años. Sencillamente, no los pude entender. No sé si me explico. No tienen nada que ver con nosotros, ¿entiendes? No hablan de lo que nos pasa a nosotros. Ellos... ellos ya ni se nos parecen.
Martín:	(Reflexionando) Nosotros... ya no nos parecemos a ellos...
Juan Carlos:	Sí...
Martín:	(Luego de una gran pausa) ¿Y ahora?
Juan Carlos:	¿Ahora qué?
Martín:	Digo... ¿qué piensas hacer?
Juan Carlos:	¿Y qué voy a hacer? Lo de siempre. Seguir viviendo aquí como hasta ahora. Solo que... con una diferencia.
Martín:	¿Qué diferencia?
Juan Carlos:	Sin esperanza.
Martín:	No exageres. No te pongas tan dramático.
Juan Carlos:	(Sin escucharlo) Estos siete años trabajé duramente con la idea de poder regresar con un poco de dinero. Me conformaba con tener lo suficiente para poner un pequeño negocio.
Martín:	(Tratando de reanimarlo) Todavía lo puedes lograr. ¿Por qué no?
Juan Carlos:	¿Para qué? Si allá me siento más extranjero que acá. (Se levanta)
Martín:	¿Ya te vas?

Juan Carlos:	Sí.
Martín:	Quédate un poco más.
Juan Carlos:	No. Voy a preparar la clase para mañana. Si no, mis estudiantes van a estar mejor preparados que yo.
Martín:	Pensé que tenías vacaciones hasta fin de mes.
Juan Carlos:	No estaba de vacaciones. Me habían dado un permiso especial. En cuanto llegué, llamé por teléfono a la escuela para preguntar si me podía reincorporar una semana antes. Me dijeron que no había ningún problema porque justamente se acababa de enfermar uno de los maestros.
Martín:	Pero... debieras haber aprovechado.
Juan Carlos:	¿Para qué? Al menos trabajando pienso menos. Bueno, ya me voy. Sólo quise venir a decirte que ya estoy de regreso.
Martín:	Si necesitas algo llámame.
Juan Carlos:	Gracias. (Se dan la mano)

(Tocan el timbre)

Martín:	Espera. Tal vez sea Alicia.

Escena 2
(Dichos y Raúl)

(Martín abre la puerta y aparece Raúl)

Martín:	¡Hola, qué sorpresa!
Raúl:	(Viste ropa muy colorida. Alegre) ¡Hola, hola! ¿Cómo están?
Juan Carlos:	¿Cómo te va, Raúl? (Se dan la mano)
Raúl:	(Sonriendo) Como siempre. No me puedo quejar. (Juguetón) ¿Y qué dice ese viajero? ¿Cuándo llegaste?
Juan Carlos:	Ayer.
Raúl:	Pero, hombre, ¡qué cara! Parece que en lugar de regresar de un viaje de placer sales de la cárcel. (Ríe)

uan Carlos:	¡Eh! No exageres.
Martín:	(A Raúl) Lo que pasa es que Juanca pensó que iba a encontrar todo tal cual lo dejó, y no fue así.
Raúl:	Por supuesto que no. Todo cambia. En cierta forma a todos nos pasa lo mismo: cuando vamos a visitar nuestro país nos da lástima el sufrimiento de la gente. (Alegre) Pero lo bueno es que nosotros estamos aquí, y eso nos alienta, ¿no?
Juan Carlos:	Pero... ¿tú no sientes nostalgia? ¿No extrañas a tus amigos, tu familia... en fin, tus costumbres?
Raúl:	Bueno, a la familia siempre se la extraña, pero amigos uno los puede tener en cualquier parte. Ustedes son mis amigos, ¿no es cierto? Por lo demás, aquí se puede vivir mucho mejor. No me van a decir que no. Aquí uno tiene asegurado un mejor futuro. Mira... sin ir más lejos, hoy, en cuatro horas vendiendo fruta en la calle con María ganamos más de cincuenta dólares. ¿Me vas a decir en qué país se puede ganar tanto dinero en tan poco tiempo? (Divertido) ¿Y vendiendo fruta? (Ríe a carcajadas)
Juan Carlos:	Son puntos de vista.
Raúl:	¡Qué puntos de vista! Ustedes están amargados porque hace mucho que no salen, muchachos. Ahora mismo se vienen conmigo; les voy a enseñar la mejor discoteca de la ciudad. Hay unas muchachonas ¡buenísimas!
Martín:	Vayan ustedes. Yo no puedo; tengo que esperar a Alicia.
Raúl:	(A Martín) Vamos. No seas aguafiestas.
Martín:	Tenemos otro compromiso.
Raúl:	Le dejas una nota diciéndole que tuviste que salir de emergencia...
Martín:	No.
Raúl:	... por el trabajo...
Martín:	No.
Raúl:	... le dices que se enfermó Juan Carlos y lo tuviste que llevar...
Martín:	No.
Raúl:	... al hospital!!!
Martín:	¡No! Ya no insistas.

Raúl:	Está bien. (A Juan Carlos) Pero tú no me puedes decir que no.
Juan Carlos:	No, yo...
Raúl:	(Lo interrumpe) Vamos, vamos, no se aceptan excusas.
Martín:	(A Juan Carlos) Ve con Raúl. Te hará bien.
Juan Carlos:	Está bien. (A Raúl) Pero sólo un rato, ¿estamos?
Raúl:	Vamos, vamos. ¡Después no te vas a querer volver a tu casa! ¡No te vas a poder despegar de las muchachitas! (Baila muy animado. Todos ríen. A Martín) Hasta luego.
Martín:	Que se diviertan.
Juan Carlos:	(A Martín) Gracias por todo.
Martín:	Gracias a ti por la visita.

(Juan Carlos y Raúl salen)

Escena 3
(Martín y Alicia)

(Alicia entra llorando)

Martín:	(Sorprendido) ¿Qué te pasa? (Alicia no contesta) Alicia, por favor, ¡habla!
Alicia:	(Tratando de calmarse) Espera, espera, siéntate.
Martín:	Pero, ¿qué te pasa?
Alicia:	Siéntate, por favor. Tenemos que hablar.
Martín:	(Se sienta) ¿Qué ocurre?
Alicia:	(Lo abraza y sigue llorando) Martín... ¡tu mamá...!
Martín:	(La separa lentamente y la mira a los ojos. Grita con emoción) ¡Nooo...!

(Se apaga la luz)

CUADRO 5

Escena 1
(Madre y Martín)

Plataforma bastante alta y en el centro del foro. En ésta se encuentra la madre de Martín.
Una luz azul intensa ilumina su rostro. A la izquierda del proscenio aparece Martín,
iluminado por una luz verde oscura. La madre está envuelta en harapos de color rojo)

Madre: (Su voz es grave y profunda, muy masculina. Finge ser maternal. Poco a poco
            irá descubriendo su sarcasmo) Te dije, Martín: no te vayas, no te vayas, no me
            dejes sola.

Martín: (Triste) Tenía que venirme, mamá.

Madre: (Marcando las palabras) ¿Para qué? ¿Para pasar tantas penurias? ¿Para que se
            burlen de ti?

Martín: Es que... (Piensa) No pensaba que me iba a tener que quedar tanto tiempo.
            Creía que en un año...

Madre: (Lo interrumpe agresivamente) La ambición es lo que te perdió, Martín.
            Siempre fuiste muy ambicioso.

Martín: (Conmovido) No, mamá. Siempre fui muy pobre. Lo único que quería era
            tener un poco de dinero para mejorar nuestra situación.

Madre: (Irónica) ¿Nuestra situación? En los años que llevas en los Estados Unidos
            nunca me enviaste un centavo.

Martín: No pude, mamá. Pasé momentos muy duros. Me fue muy difícil conseguir
            trabajo estando ilegal. Recién ahora están mejorando un poco las cosas para
            nosotros. Y también quería estudiar, mamá. Al menos eso pude lograr aquí.

Madre: ¿Y para qué te ha servido? (Dura) Has abandonado a tu madre, a tus amigos, a
            tu patria. ¿Y qué has obtenido a cambio? ¡Nada! Y no lo tendrás nunca,
            Martín. Lo que se pierde ya no se puede recuperar. Como decía el filósofo
            aquél: "Nadie se baña dos veces en el mismo río." En tu país todo ha
            cambiado. Ya no te queda nada. Todo lo has perdido. Yo estoy muerta, tus
            amigos ya no te quieren, y tu patria... tu patria ya no te pertenece, Martín.

Martín: (Con mucho dolor) ¿Por qué eres tan cruel conmigo, mamá?

Madre: ¿Cruel? No, si no soy yo la cruel. Tú has elegido este camino, desoyendo los
            consejos de tu madre.

Martín:	Te repito que mi vida aquí ha sido y es mucho más dura de lo que tú crees. Alicia también ha sufrido mucho; piensa que ni siquiera hemos podido tener hijos. Lo único que espero es que tengas un poco de compasión.
Madre:	¿Compasión? Ja, ja. No puedo... ni quiero. Debiste haber pensado en mí antes, cuando yo te necesitaba.
Martín:	No hablemos más del pasado, por favor, mamá.
Madre:	YO soy el pasado... y estaré siempre en tu presente.
Martín:	Si pudiera...
Madre:	(Rápidamente) ¿Qué? ¿Volver atrás? ¿Cambiar el pasado? (Riéndose) No es posible, hijo mío. No es posible. Ya todo lo has perdido.
Martín:	No iba a decir eso, mamá. Iba a decir que si pudiera cambiar tu recuerdo... Me has hecho mucho daño. Me gustaría cambiar tu imagen, tus palabras.
Madre:	¿Para qué? Si de todos modos ya estoy muerta. (Mordaz) Además, nunca me has querido.
Martín:	Sí, mamá. Te quise y te quiero. Pero tu imagen la tengo muy dentro de mí; tu rostro agresivo y con tu sonrisa irónica me hace mal, no me deja en paz, día y noche. Y tus palabras me siguen hiriendo, mamá, de la misma forma que antes. O no... quizás peor. No lo puedo remediar.
Madre:	Hasta para eso es tarde, Martín. Sabes que ni tú ni yo podremos cambiar. Para ambos siempre será de noche.

(Se oye un trueno y comienza a llover)

Martín:	(Se estremece. Sin mirarla) Si pudiera darme otra oportunidad... yo mismo. Si yo pudiera darme otra oportunidad. Pero no puedo, me siento tan impotente. Cada día que pasa me siento más débil. (Transición) En cambio tu imagen, mamá... a cada momento se fortalece más y más, en lo más profundo de mi ser.
Madre:	(Con una sonrisa irónica) Recuerda que tú has elegido ese destino, y que ya no podrás escapar de él.
Martín:	Pareciera que disfrutas al decir eso.
Madre:	Sí, ¿por qué no? Si yo no he podido ser feliz en toda mi vida, ¿por qué habría de permitir que tú lo seas?
Martín:	Eres egoísta.

Madre:	¿Egoísta? (Piensa) Tal vez. Pero, ¿quién no es egoísta en este mundo? Aun el que aparenta ayudar a su prójimo con total desinterés, recibe a cambio su recompensa; si no es material es en afecto. Pero yo nunca pude ayudar a nadie; siempre estuve sola para enfrentar cualquier situación. Y nunca he recibido más que agresiones de parte de todo el mundo. ¿Entonces? ¿Por qué tengo que desearte algo bueno? No... ¡yo te maldigo! ¡Una y mil veces te maldigo! ¡Y no podrás escapar a mi maldición! (Ríe a carcajadas. La forma de reír es muy parecida a la de Walter. La risa cada vez es más intensa. En off se escuchan las carcajadas de Walter y luego las de Raúl. Se mezclan esas con la risa de la madre. Martín se desespera y se tapa los oídos con sus manos. Lentamente se va apagando la luz)

Escena 2
(Martín y Director de escuela)

(Se ilumina el sector derecho del escenario)

Director:	(Sentado frente a su escritorio) Lo he mandado llamar, señor Hernández, porque estamos en una situación gravísima.
Martín:	(Asustado) Pero... ¿qué pasa señor director?
Director:	Usted sabe cómo lo hemos apoyado al entrar a trabajar en esta escuela. (Resalta las próximas palabras) Lo hemos ayudado a adaptarse al sistema y... bueno, para qué vamos a andar con rodeos... le hemos arreglado los documentos migratorios. (Transición) En cambio usted no nos ha correspondido de la misma manera.
Martín:	(Desconcertado) ¿A qué se refiere?
Director:	Vamos, señor Hernández. No se comporte como sus estudiantes. Espero que sea directo, al menos conmigo, y que no actúe con evasivas.
Martín:	Le repito que no sé de qué está usted hablando.
Director:	(Irónicamente) ¿De veras?
Martín:	Ahora le exijo que me aclare esta situación.
Director:	(Enojado) No está usted en posición de hacer ninguna exigencia. Más le conviene comportarse correctamente. Al menos por el tiempo que le queda libre.

Martín: Pero...

Director: (Interrumpiéndolo) Está bien. (Suspira) Está bien. Hablemos con todos los detalles, si eso es lo que quiere. O tiene usted muy mala memoria, o peca de inocente. (Enciende un cigarrillo) ¿Recuerda usted lo que pasó en el recreo?

Martín: En el... (Se queda pensando)

(Se apaga la luz de ese sector, mientras simultáneamente se enciende la luz del sector izquierdo del escenario. Una escalera lleva a una plataforma ubicada a lo alto)

Martín: (Subiendo rápidamente la escalera) ¡Espera, Diego! Yo te ayudo. (Toma de su cuerpo a un niño imaginario; lo ayuda a bajar de un juego también imaginario)

Voz del Director: (Gritando) ¡Señor Hernández! ¿Qué hace?

Martín: (Desconcertado) Estoy ayudando a Diego a bajarse de este juego. (Satisfecho) Estuvo a punto de caerse.

(Se apaga la luz de ese sector. Martín se dirige hacia el sector del director, que vuelve a iluminarse.)

Director: Claro que para usted pudo haber sido algo muy natural. Pero se olvida que en este país existen otras reglas, y otros derechos que hay que respetar.

Martín: (Muy molesto) Sigo sin entender.

Director: Pues da la casualidad que cuando usted tomaba de la cintura a Diego, su madre entraba a la escuela... justo en ese preciso instante.

Martín: ¿Y?

Director: ¿Cómo 'y'? De eso se trata exactamente. La madre de Diego ha ido demasiado lejos y ha resuelto acusarlo de abuso infantil.

Martín: (Anonadado) Pero... ¿cómo? ¿Con qué pruebas?

Director: ¿Pruebas? En este país no hacen falta pruebas para este tipo de acusaciones. Especialmente si se tienen testigos.

Martín: ¿Entonces?

Director: ¡Los tiene! Dos madres de otros alumnos apoyan la acusación. Dicen que lo vieron a usted abrazando a Diego.

Martín: (Nervioso) Bueno, pero usted vio lo que pasaba y...

Director: (Fuerte) Yo soy el director de la escuela, señor Hernández, y como tal...

Martín: (Lo interrumpe) Pero si usted vio que sólo lo ayudé a...

Director: (Rápido) Yo no vi nada.

Martín: ¿Cómo?

Director: Como usted comprenderá, he tenido que trabajar muy duramente para llegar a la posición que tengo ahora, mientras que usted ha llegado demasiado fácilmente al puesto que tiene... y, por lo visto, de forma inmerecida.

Martín: ¿Cómo de forma inmerecida? Pero si usted mismo apoyó mi nombramiento.

Director: Porque pensé que no traería problemas.

Martín: Pero...

Director: Un grupo de madres estaba decidida a iniciar una acción legal contra usted, señor Hernández, y contra la escuela. Y ya sabe usted lo que eso significaría de llegarse a concretar: podría ir a parar a la cárcel, y para nosotros sería un gran desprestigio.

Martín: (Enojado) Usted no tiene...

Director: (Interrumpiéndolo) Pero no se preocupe, señor Hernández. He solucionado el problema de la manera más satisfactoria para ambas partes.

Martín: (Incrédulo) ¿Ah sí? ¿Y se puede saber de qué manera?

Director: (Muy nervioso) Logré que las madres de los estudiantes retirasen la denuncia.

Martín: Supongo que les habrá concedido algo a cambio, ¿no es cierto?

Director: No exactamente. (Más nervioso) Bueno, yo no, pero usted...

Martín: Hable de una vez por todas.

Director: Les aseguré que usted renunciaría inmediatamente.

Martín: Pero es usted un sinvergüenza.

Director: (Levantándose) Disculpe, señor Hernández, pero no puedo continuar con esta discusión inútil. No lo merezco. En veinte años que llevo trabajando en esta escuela, nunca he tenido ni un sólo problema. Sólo quería que supiera qué tan complicadas están las cosas... y cómo intento solucionarlas. Y usted, en lugar de agradecérmelo...

Martín: (Con furia) Pero es usted un...

Director: ¡Retírese inmediatamente de mi oficina!

(Martín sale. Se apaga la luz de ese sector, y se encienden las luces del centro del escenario.)

CUADRO 6

Escena 1
(Martín y Viejo)

(Casa de Martín. Tocan el timbre, Martín se levanta y abre la puerta. Aparece un viejo.)

Viejo: Buenas tardes. Vivo a dos cuadras de aquí. Por equivocación, llegó a mi casa esta carta dirigida a usted. (Le entrega una carta)

Martín: Muchísimas gracias.

Viejo: Disculpe... le tengo que pedir un favor: ¿no se molesta si me siento un rato? A mi edad, caminar dos cuadras sin parar es un lujo que no siempre se puede uno dar tan fácilmente.

Martín: Cómo no. Pase usted. Tome asiento, por favor.

Viejo: Muchas gracias. Espero que sean buenas noticias.

Martín: ¿Cómo?

Viejo: Me refiero a la carta.

Martín: ¡Oh! No tan buenas. Es la cuenta del teléfono.

Viejo: Ya ve que yo tenía razón.

Martín: ¿Por qué?

Viejo: Si usted paga el teléfono, quiere decir que tiene teléfono. (Los dos ríen) Y si tiene teléfono es porque tiene mucha gente con quien hablar.

Martín: (Riéndose) En eso sí que tiene razón. (Transición) Pero en este país a veces uno piensa que sería mejor no hablar con nadie.

Viejo: Ahora el que no entiende soy yo.

Martín: Y sí. En seis años que llevo viviendo en este país, no he logrado tener ni un amigo. Cuando vivía en mi país me sobraban las amistades; nunca tenía tiempo para atenderlos a todos. A veces tenía que echarlos de mi casa porque se quedaban hasta las tres o cuatro de la mañana y no se querían ir.

Viejo: Verá usted, jovencito. Con el tiempo...

Martín:	(Interrumpiéndolo) Ya sé lo que me va a decir. Con el tiempo uno va conociendo más gente y entonces, de a poco va...
Viejo:	(Lo interrumpe) No, no, no. Déjeme terminar de hablar. Le iba a decir que con el tiempo uno se va adaptando a este país, aprendiendo sus costumbres y...
Martín:	Se vuelve menos pretensioso.
Viejo:	¡Eso! Justamente: se vuelve menos pretensioso. Pero se tranquiliza uno.
Martín:	¿Pero le parece a usted que eso es vivir?
Viejo:	Es otra forma de vida. Es... algo diferente. Pero no todo es negativo. Aquí, con el tiempo, se van abriendo nuevas puertas. Y aparecen más y más oportunidades. Uno las aprovecha, va teniendo cada vez más actividades importantes, y... ¿cómo le puedo explicar? Va... progresando.
Martín:	(Luego de una pausa) ¿Le puedo hacer una pregunta personal?
Viejo:	Cómo no. Adelante.
Martín:	Supongo que tendrá muchos años viviendo aquí.
Viejo:	Toda una vida.
Martín:	¿Podría decir que ha sido feliz?
Viejo:	¿Feliz? (Piensa) No recuerdo haber pronunciado nunca esa palabra. Creo que hasta me olvidé su significado. ¿A qué se refiere exactamente?
Martín:	No, no tiene importancia. (Pausa) Tal vez en su casa estén preocupados por usted.
Viejo:	Ja, ja. ¿Preocupados? Yo vivo solo.
Martín:	¿No tiene hijos?
Viejo:	Sí, pero mis hijos se fueron hace muchos años. Viven en San Francisco. Dicen que allá tienen más oportunidades. Pero me vienen a visitar para las fiestas de fin de año.
Martín:	Pero entonces, ¿vive solo?
Viejo:	Sí, ya le dije. ¿Por qué le parece tan extraño?
Martín:	No sé. Pensé que tendría...

Viejo:	No se preocupe. Tengo mis recuerdos. Todas las noches antes de dormirme recuerdo cuando en mi tierra... (Se da cuenta de que Martín ha agachado la cabeza quedando absorto en sus propios pensamientos) Ahora sí me voy.
Martín:	¿Cómo dijo?
Viejo:	Que me tengo que ir.
Martín:	Oh, sí. Le agradezco otra vez su amabilidad. Cualquier cosa que necesite, por favor, llámeme. Espere un minutito que le escribo mi número de teléfono. (Toma un lápiz y un papel de la mesa y escribe. Le da el papel) Aquí tiene.
Viejo:	Muchas gracias.
Martín:	Perdón, ¿cuál es su nombre?
Viejo:	Martín. Mucho gusto. Adiós.

(Martín le abre la puerta, regresa a su sillón, y se queda pensativo. Es evidente que la mención de su nombre lo ha impactado)

Escena 2

(Martín, Juan Carlos, Leticia, Walter, Madre, Raúl, Viejo)

(Luz azul muy débil. Con excepción de Martín, los personajes aparecerán vestidos con túnicas verdes y azules oscuras. Deberán parecer espectros. Todos hablarán mirando a Martín. Este observará con angustia, siempre sentado en su sillón, en el centro del escenario. Las voces de los personajes se confunden con voces en off. Éstas son las mismas que salían de la proyección de la escena 2 del cuadro 1)

Voz de mujer en off:	¿Qué te pasa, Martín? ¿Por qué no vuelves con nosotros?
Voz de hombre en off:	Regresa, Martín. Aquí estamos nosotros esperándote.
Juan Carlos:	¡Mentira! No es cierto, Martín. No les creas. Nadie está esperando. Todo es una mentira.
Leticia:	¿Qué ocurre? (Irónica) ¿No eras tan brillante?

Walter: ¿Cómo es posible que siendo tan inteligente te vaya tan mal?

Madre: ¡Y peor te irá! ¡Maldito!

Raúl: Arriba el ánimo, Martín. Mira hacia el futuro. Este es un gran país. Sigue hacia adelante sin hacer caso a nadie. Todo va muy bien, Martín. Sigue así; sigue progresando.

Viejo: Sigue tu camino, Martín. No te preocupes tanto. Nada cambiará. Tranquilízate. Ya verás que pronto se abrirán nuevas puertas. Escucha a tu ser interno, Martín. El futuro está en tu propio interior.

Raúl: El futuro está en tus manos, Martín.

Todos: (A coro) Regresa, Martín. Regresa...

Madre: ¡Maldito! ¡Mil veces maldito!

(Leticia y Walter se ríen a carcajadas. Estas risas van *in crescendo*. Al mismo tiempo la luz va debilitándose hasta apagarse)

Escena 3
(Martín y Alicia)

(Martín continúa en el centro del escenario, sentado en su sillón)

Alicia: (Entrando muy contenta) ¡Martín! Ha llegado una carta del Servicio de
            Inmigración. ¡Léela, pronto! ¡Te dan la residencia, Martín! ¡Por fin!!!

Martín: (Abre la carta. Lee para sí mismo. De frente al público comienza a
            derramar lágrimas. Lentamente y con mucha paciencia, va rompiendo la
            carta. Y se va quedando absorto con la mirada perdida)

Alicia: Pero, Martín, ¿qué haces? (Desesperándose cada vez más, mientras Martín
            sigue rompiendo la carta) ¡Es la residencia, Martín! ¡La cita para que te
            den la tarjeta de residente! ¿Qué estás haciendo? (Histérica) ¿Pero qué te
            pasa? (Sollozando) ¿Dónde vamos a vivir? ¡Martín, por favor! (Pausa.
            Desvariando) En mi país la guerra ya lleva muchos años, Martín. Y nunca
            va a terminar. Y en tu país la miseria cada vez es peor. Por favor, Martín.
            Por favor. (Más descontrolada) ¿Dónde vamos a vivir? (Gritando)
            ¿Dónde, Martín? ¿Dónde vamos a vivir?

Martín: (Absorto) ¿Dónde vamos a vivir? (Repite mecánicamente) ¡Dónde vamos
            a vivir! ¿Dónde vamos a vivir? (Lentamente va apareciendo una sonrisa en
            la cara de Martín. De pronto comienza a reírse a carcajadas, como loco. La
            risa cada vez es más intensa. Alicia no puede soportarlo y se tapa los oídos
            y agacha la cabeza, con los ojos bien apretados. Mientras, Martín da
            vueltas alrededor de la sala y continúa riéndose a carcajadas, cada vez más
            fuerte.

Escena 4
(Se escucha una sirena de auto de policía. La intensidad de la luz va bajando hasta
apagarse completamente. Se oyen los pasos de varias personas corriendo -en off-. Se
cierra el telón; éste es alumbrado por rayos de luz de diversos colores. Los pasos de
personas que corren se escuchan más fuertemente; el sonido de la sirena también se oye
más intensamente y luego decrece hasta desaparecer. Al mismo tiempo se escucha
golpear la puerta con desesperación. Se abre rápidamente el telón y se ve aparecer a
Martín, en pijamas, que se dirige corriendo hacia la puerta.
Apagón. Música de gran intensidad.)

--------FIN--------

Después de leer

. Preguntas de comprensión:

. ¿Por qué la madre de Martín le dice "a la vejez viruela"?
2. ¿Cuál es el concepto sobre "el paso del tiempo" de Alicia y cuál de Martín?
3. ¿Es Martín un conformista?
4. ¿Cómo es Alicia?
5. ¿Qué ambiciona Leticia?
6. ¿Por qué Martín decide irse de la casa de Walter y Leticia repentinamente?
7. ¿Por qué Juan Carlos está tan triste cuando llega a la casa de Martín?
8. ¿Cómo es la personalidad de Raúl?
9. ¿Por qué Martín reacciona negativamente cuando Alicia le dice que le han otorgado la residencia?

II. Interpretación:

1. ¿Qué papel juegan los recuerdos de Martín en su actitud respecto de la nueva realidad que vive?
2. ¿Qué dificulta la comunicación entre Martín y Walter?
3. ¿Por qué Walter y Leticia piensan regresar a su país?
4. ¿Qué diferencia hay en la percepción de la realidad de los distintos personajes?
5. ¿De qué manera la escena de Martín con su madre cambia la forma y/o estética de la obra?
6. ¿Cuáles son las expectativas de Martín a lo largo de las acciones que se presentan en la obra, incluyendo en la pre-historia de la misma?
7. ¿Qué crítica social se puede reconocer en la obra?
8. ¿Qué simboliza el personaje del Viejo?
9. ¿Qué significa la escena de los espectros?
10. ¿Cómo se puede interpretar la última escena de la obra?

III. Temas para el análisis:

1. La inmigración
2. La inmigración ilegal o indocumentada
3. La solidaridad
4. La adaptación a un nuevo país
5. La amistad
6. La relación de pareja en momentos de crisis
7. Las clases sociales
8. La educación
9. El cambio de la gente o en la percepción de una persona
10. La percepción de la realidad
11. El tratamiento del tiempo
12. Las diferentes estéticas y técnicas teatrales utilizadas en la obra

Madre Tierra

Antes de leer

I. Acercamiento al tema

1. ¿Cómo es la situación económica de los países latinoamericanos?
2. ¿Cuáles son algunas ventajas y desventajas de la producción de bioetanol?
3. ¿Cuál es el papel de Brasil en la producción de bioetanol?
4. ¿Cuáles son los productos que se cultivan en la actualidad para usar en la producción de bioetanol?
5. ¿Qué países participan de ese proceso?

II. Vocabulario

maíz:	corn
cavar:	to dig
convenio:	agreement
obnubilado:	to be dazed
mascar:	to chew
célula:	cell
terrorista:	terrorist
dedicar:	to dedicate
soja:	soy bean
corrosivo:	corrosive
cargamento:	cargo
manera:	way
apenas:	hardly
fingir:	to pretend
implicar:	to imply
ahorrar:	to save
tenue:	faint
acariciar:	to caress

III. Expresiones

Eje del mal.
Ojalá que llueva café.
Comer pura tortilla.

El precio se fue por las nubes.
Valió la pena.
Hasta que se ponga el sol.

Escena I

Superficie rectangular cerrada por paredes de vidrio. Hay dos televisores grandes ubicados a lo alto de cada lado. En el centro del interior de la superficie cerrada se encuentra una montaña de tierra. Dos hombres trabajan la tierra con sus respectivas palas. El movimiento es repetitivo y van cavando y tirando tierra hacia cualquier lugar, de manera que no hay progreso.
Se escucha la canción de Juan Luis Guerra: *Ojalá que llueva café.*
Los hombres trabajan a medida que el público va entrando a la sala y tomando asiento.
Entra el Hombre 3 y camina cerca de los otros dos hombres, observándolos con interés. Viste traje gris.

Hombre 1: ¿Qué va a plantar?

Hombre 2: Caña de azúcar, ¿y usted?

Hombre 1: Maíz.

Hombre 3: (Acercándose rápidamente; muy interesado) ¿Maíz? ¿Para qué?

Hombre 1: ¿Cómo para qué? Para darle de comer a mi familia.

Hombre 3: Su familia, ¿come maíz?

Hombre 1: Sí, y también hacemos tortillas.

Hombre 3: Y supongo que las comen con carne.

Hombre 1: A veces conseguimos un pollo y comemos las tortillas con un poco de pollo, pero no siempre tenemos dinero. Hay días que tenemos que comer pura tortilla.

Hombre 3: ¿Eso es todo?

Hombre 1: Y si no hay, no hay. ¿Qué se le va a hacer?

Hombre 3: ¿Y le gusta?

Hombre 1: A mí no me importa. Ya me acostumbré. El problema es los muchachos; ellos nunca se acostumbran. Siempre piden más. Ya no los conformo con una o dos tortillas. (Sigue cavando, sin prestar atención a lo que hablan los demás)

Hombre 3: ¿Y usted?

Hombre 2: La caña de azúcar me alcanza para ir sobreviviendo.

Hombre 3: ¿Eso es lo que está mascando?

Hombre 2: Sí, este es mi almuerzo.

Hombre 3: Y supongo que esto es lo que le da a su familia. ¿No?

Hombre 2: Antes podíamos comprar tortilla, pero ahora ya no. El precio se fue por las nubes.

Hombre 3: Tengo una idea.

Hombre 2: ¿Qué?

Hombre 3: Le compro caña de azúcar.

Hombre 2: (Sorprendido) ¿Cómo?

Hombre 3: Le compro la caña que usted produce.

Hombre 2: ¿Usted tiene dinero?

Hombre 3: Claro, hombre. Por eso le digo.

Hombre2: No sé.

Hombre 3: Mire. De esta manera usted le puede comprar a ese (Señala a Hombre 1) un poco de tortilla. Imagínese la alegría que van a sentir sus hijos. Porque... ¿tiene hijos, no?

Hombre 2: Cuatro.

Hombre 3: Y bueno. Yo le compro la caña de azúcar y luego con ese dinero usted compra tortilla. ¿Qué le parece?

Hombre 2: Bueno, pero me va a tener que esperar unos días, ¿si?

Hombre 3: Todo el tiempo que quiera. Pero no se olvide que me lo prometió, ¿eh?

Hombre 2: Trato hecho. (Alegres se dan la mano. Sigue cavando sin prestar atención a los otros hombres)

Hombre 3: (Al Hombre 1) ¿Todavía trabajando?

Hombre 1: Y, sí. Todavía me quedan varias horas más. Hasta que se ponga el sol.

Hombre 3: ¿Y sus hijos? ¿Dónde están? ¿No trabajan?

Hombre 1: En la ciudad, tratando de vender algo.

Hombre 3: ¿Usted nunca los ve?

Hombre 1: Cuando ellos llegan, yo ya estoy durmiendo.

Hombre 3: Debería esperarlos con algo más que tortillas.

Hombre 1: Si pudiera…

Hombre 3: ¿Por qué no vende sus tortillas para poder comprar otra cosa para comer?

Hombre 1: ¿Vender las tortillas? (Ríe) Es lo único que tenemos para comer.

Hombre 3: Por eso mismo. Vende una parte de sus tortillas y compra pollo para su familia.

Hombre 1: ¿Y quién me va a comprar la tortilla?

Hombre 3: No se preocupe. Yo conozco a alguien que puede estar muy interesado.

Hombre 1: ¿De veras?

Hombre 3: Le digo que sí. No se preocupe; yo me encargo. (Se dan la mano con gran alegría)

Apagón y Música.

Monitor 1: (Aparece un periodista en la pantalla) Boletín de último momento: El presidente de Brasil acaba de firmar un acuerdo con su par de El Salvador para la producción de maíz. El presidente salvadoreño acordó dedicar la tierra del país centroamericano a la producción de ese valioso producto con el fin de que Brasil pueda aumentar su producción de bioetanol.

Escena II

(Música. Se enciende la luz y Hombre 1 y Hombre 2 están trabajando con mucho entusiasmo y más rápidamente que antes. Se miran y se saludan. Se secan el sudor de la frente y siguen trabajando. Aparece Hombre 3)

Hombre 3: (A Hombre 2) ¿Ya tiene lo que me prometió?

Hombre 2: (Mascando) Sí, por supuesto. Ya le tengo un buen cargamento. ¡Allá! (Señalando a lo lejos) ¿Lo ve?

Hombre 3: (Contento) ¿Todo eso? (Hombre 2 asiente) ¡Buen trabajo!

Hombre 2: Muchas gracias.

Hombre 3: (Serio) ¿Qué está masticando?

Hombre 2: (Sonriendo) Un poco de caña. Ya sabe: mi almuerzo. Pero esto pronto va a cambiar, ¿no?

Hombre 3: Claro que sí, hombre. Pero no siga usando la caña de azúcar de esa manera. Recuerde que hicimos un trato.

Hombre 2: ¿Cómo?

Hombre 3: Quedamos en que la caña que usted produce me la vende a mí.

Hombre 2: Pero si es apenitas un…

Hombre 3: Nada. Tratos son tratos. Además, voy a necesitar mucho más que eso (Señala donde Hombre 2 había señalado antes).

Hombre 2: Entiendo.

Hombre 3: Acá tiene su dinero (Le da un rollo de billetes).

Hombre 2: (Contento) Muchas gracias. (Sigue trabajando con mucho entusiasmo)

Monitor 2: (Periodista) Interrumpimos la programación para darles una noticia de último momento: El presidente de los Estados Unidos firmó un convenio con el presidente del Brasil para que el país sudamericano produzca bioetanol para abastecer al país del norte.

Hombre 3: (Acercándose al Hombre 1) Hola, amigo, ¿cómo va todo?

Hombre 1: Hola, señor…

Hombre 3: Amigo. Llámeme simplemente amigo.

Hombre 1: (Sumiso) Sí, sí. Amigo. ¿Cómo está?

Hombre 3: Ansioso.

Hombre 1: ¿Ansioso?

Hombre 3: Ansioso de ver lo que tiene para mí.

Hombre 1: (Nervioso) Oh, sí, sí. Claro. Mire (Señala a lo lejos. Contento), mire lo que le preparé.

Hombre 3: Muy bien, mi amigo, muy bien.

Hombre 1: Tuve que trabajar más duro que nunca. Pero valió la pena. Le junté el mejor maíz que puede encontrar en todo el país.

Hombre 3: No esperaba menos. Acá tiene su dinerito.

Hombre 1: (Abriendo los ojos sorprendido al recibir el rollo de billetes) Muchísimas gracias, señor… Perdón, amigo.

Hombre 3: De nada, de nada. Y aún voy a necesitar mucho más.

Hombre 1: (Sorprendido) ¿Mucho más?

Hombre 3: Claro. Si esto recién empieza.

Hombre 1: Y ¿para cuándo?

Hombre 3: Para… ayer.

Hombre 1: (Sorprendido) ¿Ayer? ¿Cómo es eso?

Hombre 3: Es una forma de decir. Necesito más cuanto antes. Sí, cuanto antes mejor.

Hombre 1: (Preocupado) Bueno, bueno. Voy a hacer todo lo posible para…

Hombre 3: No se preocupe. Estoy seguro de que va a poder trabajar un poquito más rápido. ¿No es cierto?

Hombre 1: Claro, claro.

Hombre 3: Por ahora está bien. Bueno. Me tengo que ir. Siga, siga trabajando. No lo interrumpo más. Vuelvo pronto. (Le da la mano)

(Hombre 1 y Hombre 2 siguen trabajando, cada vez más rápido y tratando de no perder el entusiasmo. Fingen estar muy alegres.)

Apagón y Música

Monitor 1: (Periodista) Más noticias para este boletín informativo: Llega al país el biodiesel de agua. Desarrollado por una empresa familiar, el invento ya fue patentado en 150 países. La fórmula de biodiesel de agua implica quitar una parte del diesel común, sacar también una parte del biodiesel y reemplazar esas cantidades por agua común. Eso permitirá ahorrar petróleo y soja.

Escena III

(Se enciende la luz y se ven billetes volando por todos lados. Baile de las palas. Hombre 1 y Hombre 2 bailan con sus palas y cantan la canción de la amistad. Al finalizar la canción se quedan mirándose. Se acercan como si hubieran quedado obnubilados por el otro. Quedan enfrentados)

Hombre 1 y Hombre 2: (Simultáneamente) ¡Amigo! (Los dos tienen billetes en la mano. A continuación hablan al mismo tiempo)

Hombre 2: Le compro maíz.

Hombre 1: Le compro caña de azúcar.

Hombre 2: No tengo.

Hombre 1: (Sorprendido) ¿Cómo?

Hombre 2: No tengo le digo. Me lo compraron todo.

Hombre 1: ¿Una simple cañita?

(Debido a la acción de grandes ventiladores, los billetes se les escapan de la mano a los dos, vuelan por todo el escenario penetrando en la platea)

Hombre 3: (Entrando. Al Hombre 2) Hola, mi amigo. ¿Cómo va todo?

Hombre 1: Hola, señor… quiero decir, amigo.

Hombre 3: ¿Dónde está mi maíz?

Hombre 1: Poco a poco, amigo. Hace un mes apenas que le di un montón.

Hombre 3: Tengo que llevarme algo hoy mismo. Me lo exigen.

Hombre 1: Pero amigo, ya le dije que…

Hombre 3: ¡Oiga! Nada de amigo. Usted no cumplió con su promesa.

Hombre 1: El maíz no nos llueve, amigo.

Hombre 3: ¡Señor! ¡Dígame señor! (Amenazante)

Hombre 1: (Atemorizado) Sí, sí, señor.

Hombre 3: Tiene que producir más y más rápido.

Apagón y Música

Monitor 1 y Monitor 2: (Periodista) A continuación, mensaje del excelentísimo señor Presidente:

(Presidente): Querido pueblo. Hemos descubierto una nueva célula terrorista que se ha infiltrado en nuestro territorio. Todas las agencias de inteligencia están de acuerdo en que el peligro para la seguridad del país ha alcanzado el máximo nivel: ALERTA ROJA. Los terroristas pretenden mezclar agua con gasolina, poniendo así en riesgo la vida de todas las personas que viajan en avión, automóvil o motocicleta. Son 3 los grupos terroristas que están tratando de infiltrarse: del Este, del Oeste y del Sur. Es un verdadero eje del mal. Por lo tanto, la Presidencia ha debido tomar medidas de emergencia.

(Ayudante): Número 1: Cerrar las fronteras;
Número 2: Aniquilar las 3 células terroristas;
Número 3: Destruir y/o eliminar completamente el agua, elemento corrosivo que está corrompiendo a nuestra juventud.
(Se apagan los monitores)

Escena IV

(Oscuro. Se escuchan voces de mujeres. Luz tenue en la parte de afuera. Un grupo de mujeres recorre el espacio alrededor de la caja, mirando, buscando)

Mujer 1: ¿Alberto?

Mujer 2: ¿Ignacio?

Mujer 3: ¿Felipe?

Mujer 4: ¿Pablo?

(Repiten los nombres varias veces, a medida que van caminando. Cada vez con más desesperación. Se ilumina la caja. Se ve a Hombre 1 y Hombre 2 tirados sobre la tierra. Las mujeres, al descubrir eso, lloran y van haciendo mímicas sobre el vidrio de la caja, apoyando sus manos en él. Luz azul adentro de la caja. Hombre 1 y Hombre 2 se levantan y retoman su trabajo. Se escucha, en off, el ruido de las palas cavando. Las mujeres miran con un gesto de tristeza.
Entra Ayudante con un paquete y lo deja encima de la tierra. Sale.
Las mujeres deciden entrar a la caja. Dos de ellas acercan sus manos a Hombre 1 y Hombre 2 respectivamente, sin llegar a tocarlos. Las otras dos hacen lo mismo con hombres imaginarios. Simulan acariciarlos. Música. Los hombres no ven a las mujeres. Siguen trabajando con gran entusiasmo)

Mujer 1: Alberto…

Mujer 2: Ignacio…

Mujer 3: Felipe…

Mujer 4: Pablo…

Mujer 1: ¿Dónde estás, Alberto?

Mujer 2: Vuelve, Ignacio.

Mujer 3 y Mujer 4: (A coro) Vuelvan.

(Aumenta el ruido en off de las palas) Apagón

Monitor 1 y Monitor 2: Se escucha un tic-tac y se proyecta la imagen del paquete dejado por el Ayudante. Se escucha una fuerte explosión. APAGON.
Música final: *Ojalá que llueva café.*

Después de leer

I. Preguntas de comprensión:

1. ¿De qué manera se representa el hambre y la miseria de los personajes?
2. ¿Cuál es la función de los monitores?
3. ¿Cómo es la relación que los personajes mantienen entre sí?
4. ¿Qué cambio experimenta el Hombre 3 a lo largo de la obra?
5. ¿Qué imagen de la mujer se transmite en la obra?

II. Interpretación:

1. ¿Qué implicaciones tiene la superficie rectangular en el que se desarrolla la acción?
2. ¿Por qué a los personajes se los identifica como "Hombre 1" etc., en lugar de tener nombres?
3. ¿Cuáles son las imágenes principales de la obra y cómo contribuyen a la acción dramática?
5. ¿A qué estética teatral o literaria pertenece la escena del baile de las palas?
7. ¿Qué simboliza el final de la obra?

III. Temas para el análisis:

1. La indigencia
2. El uso de la tierra
3. La producción de bioetanol
4. La importancia del maíz y de la soja a nivel mundial
5. La situación económica de los países latinoamericanos y la relación comercial entre ellos
6. La explotación de los trabajadores
7. El terrorismo

Salamanca

Preguntas para antes de leer

I. Acercamiento al tema

1. ¿Qué significan estos términos: oprimir, reprimir y explotar?
2. ¿Conoce alguna persona que esté siendo oprimida, reprimida o explotada?
3. ¿Qué caso de opresión o explotación de un individuo, un pueblo o cualquier grupo ha recibido la atención de los medios de comunicación?
4. ¿Qué es la metateatralidad?
5. ¿Qué tipos de teatro no-realista conoce usted?

II. Vocabulario

natura:	nature
estrofa:	stanza
trencito:	train
deliberar:	to deliberate
culpable:	guilty
insubordinado:	insubordinate
testigo:	witness
sentencia:	sentence
inmoral:	immoral
cargos:	charge
cadena perpetua:	life sentence
mímica:	mimic
murmurar:	to whisper
solicitar:	to solicit
panza:	belly
personaje:	character
estupefacto:	astonished
dispuesto/a:	ready
rezar:	to pray

III. Expresiones

Lo que Natura non da Salamanca non presta.
Se llenan como cerdos.
Gracias a la vida que me ha dado tanto.

Por platea entra un grupo de actores en trencito, cantando:
> "Lo que Natura non da
> Salamanca non presta".

Y repiten varias veces la misma estrofa, hasta llegar al escenario.

Actor 1: (Hace una pregunta a cada uno de los personajes, sin dar lugar a que le contesten) Hijito: ¿Hiciste la tarea? ¿Te lavaste los dientes? ¿Comiste la papa? ¿Preparaste la comida? ¿Te pusiste el suéter?

Todos los demás (a coro): ¿Quéééééé...?

Actor 1: ¡Silencio! No me digan nada. Lo único que saben hacer es joder.

Actor 2: (Temeroso) Papá... ¿a qué hora vamos a comer?

Actor 1: ¿Comer? ¡Ja! ¡Comer! Ustedes no hacen otra cosa que pensar en comer. ¡Claro! Se llenan como cerdos para después poder seguir jodiendo. ¡Descarados!

Actor 2: Pero... tengo hambre.

Actor 1: ¿Insistes? Entonces, como castigo, vas a lavar la ropa de todos.

Actor 2: Pero...

Actor 1: (Amenazante) No digas una palabra más porque te llevo al consejo de familia.

Actor 2: Es que...

Actor 1: (Violento) ¡Consejo! ¡Emergencia! ¡Reunión urgente! (Lleva al Actor 2 de una oreja alrededor del escenario. Todos se mueven rápidamente por el escenario hasta llegar al mismo lugar que tenían.)
Estamos aquí para tratar un tema sumamente importante.

Todos: Uuuuuuuh....

Actor 1: Uno de mis hijos se quiere rebelar.

Todos: Uuuuuuuh...:

Actor 1: No respeta la autoridad. No me obedece.

Todos: Uuuuuuuh...

Actor 1:   (Con aire de víctima) Ya no sé qué hacer.

Todos: (excepto Actor 2) (Con lástima) ¡Pobre....!

Actor 1:   Y lo que es peor... me ha faltado el respeto. (Duro) ¡A deliberar!

Todos: (Se mueven sin dirección de un lado al otro del escenario.
             Murmuran) Mmmm mmm mmm mmm. (Llegan al mismo lugar
             de donde partieron) ¡Culpable!

Actor 1:   Perfectamente justo. Por eso yo siempre digo: (Con aire maternal) todo se
             resuelve fácilmente cuando la familia se pone de acuerdo.   (Macho)
             ¡Sentencia!

Todos: (Excepto 1 y 2) Primero: lavará la ropa de toda la familia
             durante una semana; segundo: preparará almuerzo y cena para
             todos por espacio de un mes entero; tercero: limpiará el baño todo el año;
             y cuarto: no podrá dirigirle la palabra a ningún miembro de la familia
             hasta la Semana Santa.

Actor 2:   ¿Todo eso?

Actor 1:   ¡Muy justo! Sí, señor. Muy justo. Por eso yo siempre digo:
             ¡Gracias a la vida que me ha dado tanto!

(En trencito todos los actores recorren el escenario cantando la misma estrofa
que antes. Recorren también la platea. Finalmente regresan al escenario.)

Actor 1:   ¡Soldados! ¡Firrrrmes! ¡Descan... so! ¡Cuerpo a tierra! ¡Arrastrarse! Allá
             está el enemigo. ¡Los gusanos! Miles de ratas venenosas. ¡Ataquen!
             ¡Disparen! (Preso de un ataque de histeria sigue gritando sin poder
             contenerse.) ¡Ataquen! ¡Ataquen! ¡Obedezcan!   (Todos disparan con
             sus armas imaginarias. Afligidos por la desesperación del actor 1, fingen
             cada vez más el ataque contra las supuestas fuerzas enemigas. El actor 1
             sigue gritando enfurecido.) ¡Ataquen! ¡Ataquen! ¡Obedezcan! ¡Ataquen!
             (Comienza a lloriquear.) Por favor, ataquen. ¿Por qué no me obedecen?
             Por favor... ataquen...

Actor 3:   Pero si estamos atacando...

Actor 1:   (Enfureciéndose) ¿Y quién es usted para dirigirme la palabra?
             ¡Saque pecho! ¡Cuerpo a tierra! ¡De pie! ¡Cuerpo a tierra! ¡Arriba!
             ¡Abajo! ¡Arriba! ¡Abajo! ¡Arriba! ¡Abajo! ¡A! ¡A! (Actor 3 sigue
             obedeciendo) ¡A! ¡A! ¡A! ¡A! ¡A! ¡A!

Actor 3:   ¡Ay! ¡Ay! No doy más.

ctor 1:	¡Arrestado! ¡Queda usted detenido por insubordinación! ¡Consejo de guerra! ¡Urgente! (Todos menos A 1 y A 3 comienzan a correr de un lado al otro del escenario, con aire altanero y sacando pecho.)
ctor 1:	He llamado a consejo de guerra porque este soldado se ha insubordinado.
odos:	(Menos Actor 3) ¿Cargos?
ctor 1:	¿Cargos? ¿Desde cuándo me hace falta **a mí** formular cargos? **YO** lo acuso, ¿no entienden?
odos:	Sí, sí, por supuesto. (Van de un lado a otro murmurando.) ¡Culpable!
Actor 1:	¡Sentencia!
odos:	Se lo condena a cinco cadenas perpetuas, limpiar el cuarto del capitán todos los días, y hacerle todos los favores que éste le solicite, incluso aquellos más íntimos e inmorales.
Actor 1:	¡Muy justo! Sí, señor. ¡Muy justo! Por eso yo siempre digo: ¡Gracias a la vida que me ha dado tanto!

Otra vez en trencito todos recorren el escenario cantando, bajan y van por la platea, y regresan al escenario.)

Actor 1:	¡Empleados! ¡Trabajen! ¡Animales! ¡No saben hacer otra cosa que descansar y hablar tonterías! ¡Trabajen! ¡Vamos, más rápido! ¡Produzcan! (Todos hacen la mímica de trabajar con distintos aparatos y herramientas imaginarias.)
Actor 1:	¡Usted! ¿Qué hace? ¿No entiende lo que digo? ¿O en qué idioma hablo? ¿En chino? ¿Eh? ¿Acaso tengo la piel amarilla?
Actor 4:	(No puede responder; está agotado de tanto trabajar.)
Actor 1:	¡Un juicio le voy a hacer! Es lo único que merece. ¡Un juicio! ¡Ja! ¡Este es de los que después pretenden cobrar! Sí... ¡un juicio! Pero... necesito testigos. ¿Quién de ustedes ha visto lo que me hizo este hombre? (Grita) ¡¿Quiénes?!
Todos:	(Muy nerviosos) Yo... yo... yo... yo... yo... yo... (Pequeña pausa) Claro... todos... por supuesto...

Actor 1:	(Va cayendo lentamente al suelo. Débil. Como víctima.) Y... sí... Uno les da confianza a los empleados... los trata como verdaderos hijos... y... (Comienza a lloriquear.)
Actor 4:	Pero, señor... discúlpeme... yo no pensé que...
Actor 1:	Usted nunca piensa nada. ¿No pensó que estaba hiriendo mis sentimientos cuando hacía lo que hizo?
Actor 4:	Pero... ¿cuando hacía qué?
Actor 1:	¡Claro! Ahora resulta que se olvidó. Toda una vida tirada a la basura. Usted no sabe lo que es la dignidad.
Actor 4:	¿Que yo no sé lo que es la...?
Actor 1:	(Interrumpiéndolo) ¡No lo repita! Bastante he sufrido ya por su culpa. Pero lo cierto es que... cuando uno pierde la virginidad...
Todos:	¡¿LA VIRGINIDAD?! ¡Uuuuuh!
Actor 4:	(Angustiado) No es cierto.
Actor 1:	¡Ahora lo niega! Pero si será caradura! ¡Que nos hagan un examen de sangre para ver si es cierto o no que él es el padre del niño!
Actor 4:	(Estupefacto) ¡¿El quéééé?!
Actor 1:	(Femenino) ¿O no se ha dado cuenta del estado en que me encuentro? (Dos personajes lo llevan de un lado al otro del escenario caminando lentamente, mientras él se agarra la barriga y les hace gestos de malestar.)
Actor 4:	(Confuso) No entiendo nada.
Actor 1:	Por supuesto. Si usted no encaja en esta obra. Usted, señor, usted es un personaje demasiado realista. No encaja. Sencillamente no encaja. Por eso no puede entender nada.
Actor 4:	Entonces, ¿qué hago?
Actor 1:	¡Hágase cargo!
Actor 4:	Usted está loco.

ctor 1:   Si no quiere tomar responsabilidades no me moleste. ¿Le parece
               que tengo pocos problemas con la carga que me dejó (Se señala
               el abdomen) como para estar preocupándome también por usted?

ctor 4:   Realmente no sé qué hacer.

ctor 1:   Y... vea al director... o peor aún: vea al autor.

ctor 4:   Sí, eso es lo que voy a hacer.

ctor 1:   Vamos, súbase al trencito.
Todos van otra vez cantando en trencito)
               "Lo que Natura non da
               Salamanca non presta."

ctor 1:   (Se pone una gorra y grita) ¿Quién me llama? ¿Quién, quién?

ctriz 1:   Yo, señor director, yo.

ctor 1:   ¿En qué puedo servirle?

ctriz 1:   No puedo memorizar mi libreto. No sé lo que me pasa. Cada vez
               que me toca actuar con el imbécil de mi marido no me puedo
               concentrar.

Actor 1:   ¿Cuánto hace que no tiene relaciones sexuales con su esposo?

Actriz 1:   Ay, señor. Pero qué cosas tan íntimas pregunta.

Actor 1:   Bueno, ¿entonces para qué pide consejos?

Actriz 1:   No, no, no. Por favor. No se ofenda, señor director. Yo estoy
               dispuesta a abrirme.

Todos: (Corren hacia ella) Estamos dispuestos a ayudarla.

Actriz 1:   ¡Ay, socorro!

(Todos corren detrás de ella hasta desaparecer del escenario.)

Actor 1:   ¡Qué barbaridad! Las mujeres piden consejos y después se
               quejan. ¿Cómo vamos a poder trabajar con este tipo de problemas? Por
               eso yo siempre digo: "Lo que natura non da..."

Todos: (Apareciendo) "... Salamanca non presta."

Actriz 1:	(Aparece medio desvestida, despeinada y camina con dificultad.) Ay, señor. Yo le decía que era una persona muy abierta, pero no tanto...
Actor 1:	Y, bueno. ¿Qué quiere? ¿Quería ser actriz, no? Además, usted se quejaba de que su esposo no le cumplía. Y aquí la necesitamos libre de tensiones. De otra forma, ¿cómo va a interpretar a lady Macbeth?
Actriz 1:	Pensándolo bien... ¿no podría cambiar a Desdémona?
Actor 1:	Pero... ¿cómo se le ocurre? ¿Usted cree que voy a dejar entrar a un negro en mi grupo?
Actriz 1:	¿Y si cambiamos al moro por una mora?
Actor 1:	¡Está loca! En ese caso, además de negra sería lesbiana.
Actriz 2:	(Entrando) ¡Querido, apúrate que ya se hizo tarde para ir a la iglesia. ¿No ves qué hora es?
Actor 1:	Es cierto. Bueno, (a todos) los llevo. Pero suban rápido.

(Todos suben en un auto imaginario y comienzan a viajar.)

Actriz 2:	¡Ay! No vayas tan rápido. Nos van a poner una multa.
Actor 1:	¡Uf! Primero dicen que me apure, después que no vaya tan rápido. (Grita) ¡Cuidado! (Frena bruscamente y todos caen al suelo.)
Actor 1:	(Transformándose en cura. Se pone una sotana.) Muy bien, hijos míos. Así me gusta... que sean tan devotos. Recen, hijos míos, recen. Es la única forma en que vamos a poder solucionar tantos problemas.
Actor 5:	Padre, me echaron del trabajo. Tengo cinco hijos y no tengo dinero para comprarles comida.
Actor 1:	Ves, hijo mío. Ves cómo Dios castiga.
Actor 5:	Por favor, padre. Ayúdeme. ¿Qué me aconseja?
Actor 1:	Reza, hijo, reza. Pagarás por tus pecados.
Actor 5:	Pero, padre. Mis hijos están muy enfermos. ¿Me podría ayudar?

ctor 1:   Por supuesto que sí. Rezaré por ti. Y pediré en la misa del
              domingo que todos los fieles recen por ti.

ctor 5:   Padre. Me refería a que me ayude con algo para comprar
              comida. Aunque sea para una bolsa de arroz.

ctor 1:   Hijo. Las limosnas que los fieles dan al Señor no pueden ser
              tocadas para objetivos terrenales.

Actor 5:   Por favor. Mis hijos se mueren de hambre. Hasta he pensado en
              robar.

Todos: ¿¡Robar...!? ¡Noooo...! ¡Robar es pecado!!! ¡Te irás a todos los infiernos!
              ¡Pagarás por tus crímenes! ¡Pecador! ¡Satanás!!!

Todos comienzan a girar alrededor del Actor 5, rezando el padre nuestro.)

Actor 1:   Dios me ha iluminado. (Le da una tarjeta.) Irás a ver a esta
              persona bondadosa. Es un político muy influyente. El te dará
              trabajo.

Actor 5:   (Sinceramente emocionado.) Gracias, padrecito. Gracias. Por mí y por mis
              hijos. Que Dios lo tenga en la gloria. (Besa su mano.)

Actor 1:   (Complacido) Ya, ya. Ve tranquilo. No me debes nada. Es Dios
              quien actúa a través de mí. (A los demás.) Y ustedes recen para
              ayudar a esta alma descarriada. Recen.

Todos caminan y rezan. Cambio de luz.)

Actor 1:   (Discurso) Y como les digo siempre: todos trabajaremos por el país. Nos
              vamos a sacrificar, pero valdrá la pena. Nunca más faltará comida en la
              mesa de una familia decente y trabajadora. Nunca más habrá
              discriminación. Protegeré a los homosexuales. No podrán ser echados de
              las Fuerzas Armadas. Tienen derecho a trabajar y a defender a la patria
              como cualquier buen ciudadano.
              Protegeré también a los inmigrantes. Aquellos desgraciados que día a día
              llegan a nuestras fronteras arriesgando sus propias vidas, serán acogidos
              por nuestro gobierno con los brazos abiertos. Habrá mucho más dinero
              para las escuelas. Y tendremos un seguro de salud ejemplar para todos los
              ciudadanos. ¡Nadie pagará con su vida por el sólo hecho de ser pobre!

Todos: (Menos A 5) ¡Buston, Buston, Buston! ¡Buston presidente!

Actor 5:   (Acercándose) Señor Buston...

Actor 1:	Gracias, compatriota. Muchas gracias. (Lo abraza efusivamente)
Actor 5:	Yo vengo de parte de...
Actor 1:	No tienes que decirme nada. Somos todos hermanos. (Lo abraza)
Actor 5:	Pero...
Actor 1:	¡Compatriotas! (Se saca el saco) Todos somos iguales. No hay más distinción de raza ni de posición social. ¡Todos somos iguales!
Todos:	(Menos A 5) ¡Bravo! ¡Bravo! ¡Buston, Buston, Buston! (Salen)
Actor 5:	Vengo a verle de parte del padre Arístides de la Sota del Parral.
Actor 1:	(Molesto. Como en secreto) ¿Qué quieres, muchachito?
Actor 5:	Me dijo el padrecito que usted podría conseguirme un trabajo.
Actor 1:	Ven a verme a mi oficina después de las elecciones.
Actor 5:	Pero, señor. Ya se me murió un hijo y tengo otro grave en el hosp...
Actor 1:	(Más incómodo) Lo siento pero...
Todos:	(Entran con cámaras fotográficas y libretas. Son periodistas. Deben hablar todos juntos produciendo un gran bullicio.) Unas declaraciones, por favor señor Buston. Para el canal 5.
Actor 1:	(Abraza al Actor 5) Con mucho gusto, mi amigo. Justamente en estos momentos me estoy encargando de solucionar uno de los casos más comunes que se presentan en la sociedad que destruyó el gobierno actual. (Fingiendo estar muy emocionado. Señala al Actor 5) El amigo ha perdido la vida de sus diez hijos, quienes han sufrido las consecuencias de las más terribles epidemias. ¡La pérdida de diez almas! Y ¿solo por qué? Porque el gobierno actual no provee medicina a los más necesitados. (Finge llorar.)
Periodista 2:	(A Actor 5) ¿Puede contarnos la encomiable labor que está llevando a cabo el señor Buston para solucionar su situación?
Actor 1:	(Se adelanta) Lamentablemente el amigo está en una crisis nerviosa y no está en condiciones de hablar. Permítame que le explique. El mal que afecta a esta persona y a su familia es el mismo que está afectando a miles de conciudadanos. (Sigue hablando y, rodeado de periodistas, va saliendo del escenario.)

(Cambio de luz. Música. Reaparece el Actor 5.)

Actor 5:   Esta es mi última esperanza. Si no se me da ésta...

Actor 1:   (Con marcado acento inglés) Hola, muchacho. (Con falso afecto)
            ¿En qué te puedo servir?
(Lentamente se va oscureciendo la escena. Actor 1 y Actor 5 hablan. Puede
írse sus voces pero no se entiende lo que dicen. Transición. Se ilumina la
scena. Actor 5 trabaja. Hace movimientos manejando herramientas
maginarias muy pesadas. Suda mucho. Demuestra gran dolor de espalda.)

Actor 1:   Estás contento, ¿no es cierto?

Actor 5:   (Sincero y alegre) Cómo no voy a estar contento, patrón.

Actor 1:   Por esta semana mantendrás las cinco horas extra diarias. Por ser la
            semana de entrenamiento está bien que trabajes sólo trece horas diarias. A
            partir de la semana que viene comenzarás a trabajar por un sueldo, y te
            aumentaremos a ocho horas extras diarias. Y a fin de mes... (Con gran
            entusiasmo y haciendo suspenso) recibirás tu primer chequecito...

Actor 5:   Gracias, patrón. Le estoy muy agradecido. Así, cuando nazca mi próximo
            hijo podré comprarle siempre su lechita y su comidita.

Actor 1:   Mucha comidita. Mucha. Ya vez cómo siempre Dios y la vida dan su
            recompensa. Por eso yo siempre digo: Gracias a la vida que me ha dado
            tanto... (Música. Aparecen todos los demás actores en trencito cantando)

Todos: "Lo que natura non da/ Salamanca non presta."

TELON

Después de leer

I. Preguntas de comprensión:

1. ¿Qué representa o simboliza el Actor 1?
2. ¿Cuántos personajes representan los actores?
3. ¿Cómo son esos personajes?
4. ¿Qué ejemplos de metateatralidad se encuentran en la obra?
5. ¿Cuáles son algunos ejemplos de elementos no realistas?

II. Interpretación:

1. ¿Qué significado tiene el hecho de que los personajes entren al escenario en "trencito" en cuanto a la estética o el género de la obra?
2. ¿Por qué a los personajes se los identifica como "Actor 1" etc., en lugar de tener nombres?
3. ¿Hay una evolución o cambio en alguno de los personajes a lo largo de la obra?
4. ¿Cómo se caracteriza el "coro" y qué simboliza?
5. ¿Qué elementos paródicos y/o humorísticos se pueden señalar?
6. ¿Qué tienen en común los personajes que interpreta el Actor 1?
7. ¿Se soluciona el problema del Actor 5 al final de la obra?

III. Temas para el análisis:

1. Las relaciones de poder
2. El autoritarismo
3. Las reacciones de la gente cuando está en grupo
4. La represión y la opresión
5. La moral
6. El racismo
7. Cuestiones de género
8. El clero y la religión
9. La solidaridad
10. La pobreza
11. La política
12. Los medios de comunicación

La tele

ntes de leer

Acercamiento al tema

1. ¿Mira usted telenovelas?
2. ¿Qué opina de las personas que ven telenovelas?
3. ¿Cuál es la importancia de la televisión en su vida?
4. ¿Ver televisión es una pérdida de tiempo? ¿Perjudica las relaciones con otras personas?
5. ¿Cuál es el impacto de los medios de comunicación en la sociedad? Dé ejemplos positivos y negativos.

I. Vocabulario

narco:	frame
uarta pared:	forth wall
ibia:	warm
spuma:	foam
elenovela:	soap opera
ina:	bath tub
umergirse:	to submerge
esbalarse:	to slip
nojarse:	to get wet
evistero:	magazine rack
nchura:	width
frenéticamente:	frantically
nítida:	spotless
quejarse:	to complain
congelado:	frozen
acciones:	stocks, shares
bolsa de valores:	stock market
impactado:	impressed
conseguir:	to get, obtain
partido:	game
zambullirse:	to dive

III. Expresiones

Lo que no se ve no se valora.
Te parece justo.
Cállate de una buena vez.
Empleado del mes.
Se vende como pan caliente.
Cerrar las puertas en las narices.

CUADRO 1

Un grueso marco alrededor de toda la cuarta pared simboliza un televisor gigante. La sala tiene paredes rosadas cubiertas de carteles de películas. Un sofá exageradamente largo colma el centro de la sala. Al lado derecho una tina llena de agua caliente resalta por su brillante blancura. A su derecha hay un revistero, y a ambos lado del sofá hay mesitas. Frente al sofá se impone una mesa de centro. Atrás del sofá, hacia la izquierda, una enorme escalera se destaca por su anchura.

Mariela canta una canción muy popular mientras limpia frenéticamente el televisor. Entra Agustín que lleva puesto un elegante traje gris y trae un maletín.

Agustín:	Hola, mi amor. (Se saca la chaqueta y se la da a Mariela)
Mariela:	Hola, amor. ¿Cómo te fue?
Agustín:	Bien. ¿Ya empezó? (Se saca la corbata y la arroja hacia adentro de la habitación. Sigue sacándose la ropa mientras habla)
Mariela:	Todavía no. Faltan diez minutos.
Agustín:	(Tocando el agua de la tina) ¿Esta tibia?
Mariela:	Como siempre. (Le da un beso)
Agustín:	(Termina de sacarse la ropa) Apúrate, pon la tele. No quiero perderme ni un segundo de la novela. Recuerda que hoy es el último capítulo. (Entra a la tina)
Mariela:	Ya sé. (Viendo hacia el televisor) Estuve limpiándolo todo el día para que la imagen se vea nítida.
Agustín:	¿A qué hora vienen los muchachos?
Mariela:	No sé. Ya tendrían que estar de regreso.
Agustín:	(Ha sumergido su cuerpo en el agua; solo se le ve la cabeza y los brazos. Algo de espuma sale fuera de la tina) ¿Preparaste algo para comer?
Mariela:	No tuve tiempo. Pero si quieres puedo prepararte un sándwich.
Agustín:	(Molesto) ¿No tuviste tiempo? ¿Y qué estuviste haciendo todo el día?
Mariela:	¿Te parece poco? ¡Claro! Lo que no se ve no se valora. Mi madre siempre me lo decía. Ahora que tenemos un televisor tan grande me lleva mucho más tiempo limpiarlo. Si no lo hago, después empiezas a quejarte: que

aquí hay una manchita, otra más allá, que la imagen sale borrosa, que esto, que lo otro...

gustín: Anda, anda, tráeme ese sándwich que me prometiste que me muero de hambre.

Mariela: Ya va, ya va. (Va a salir)

gustín: ¡Espera! Pon la tele antes. No me dejes así.

Mariela: Está bien. (Enciende el televisor)

Se escuchan diversos comerciales de televisión.
Se oye el ruido de una llave abriendo la puerta de calle. Agustín se sumerge. Entra Pechi con aspecto de estar muy cansado. Trae varios libros bajo el brazo.

Pechi: ¡Buenas tardes! ¿Hay alguien? Qué raro: dejaron la tele encendida. (La va a apagar cuando de repente emerge Agustín desde adentro de la tina)

Agustín: (Gritando) ¡Detente! (Al emerger lo moja todo a Pechi, que se asusta y resbala)

Pechi: (Molesto) ¿Qué haces? ¡Me mojaste todo!

Entra Mariela con el sándwich.

Mariela: ¿Pero qué está pasando aquí? Apenas me descuido un poco y vean lo que hacen: ya han salpicado todo el televisor. (Corre hacia el televisor con un trapo que agarra del revistero. Comienza a limpiarlo rápidamente)

Agustín: ¡Muévete! No puedo ver.

Mariela: Si no lo limpio ahora, queda todo manchado.

Pechi: (Se sienta en un sillón) ¿Qué estás viendo?

Mariela: Hoy es el último capítulo de la telenovela...

Agustín: Y no lo podemos ver con tantas interrupciones.

Mariela: Si todavía no empezó.

Agustín: Pero solo faltan dos o tres minutos.

Voz en off: Interrumpimos su programación habitual para transmitir un mensaje del poder ejecutivo.

Agustín y Mariela: (Simultáneamente) ¡Noooo! ¡No puede ser!

Voz en off: El gobierno nacional tiene la triste misión de informar que la bolsa de
               valores permanecerá cerrada de forma indeterminada. Los valores de las
               acciones quedarán congelados hasta nuevo aviso.

Pechi: ¡Qué barbaridad! Esto es un desastre.

Agustín: Sí, sí. Es un desastre que justo el día del último capítulo de la telenovela
               tengan que interrumpir con esas tonterías.

Pechi: Pero, papá, ¿sabes lo que significa que la bolsa de valores se cierre?

Mariela: ¡Pechi! Tu papá viene cansado del trabajo a ver el único programa que
               podemos ver en familia, y ¿te parece justo lo que hace el gobierno?

Se abre la puerta y entra Leni.

Leni: Hola, ma.

Mariela: Apúrate, ven, que ya va a empezar el programa.

Leni: ¿Qué programa?

Mariela: La telenovela. Hoy dan el último capítulo. Tienes suerte, todavía no
               empezó. Acaban de pasar un mensaje del gobierno, y por eso se demoró.

Leni: Pero, mamá. Hoy a las siete quiero ver mi programa favorito.

Mariela: Ahora mismo va a empezar la telenovela. Ni se te ocurra pasarlo.

Agustín: Shhhh…

Leni: ¿A qué hora termina? Batman empieza a las siete.

Agustín: Cállate de una buena vez. Ya empieza.

A medida que se va escuchando el comienzo de la telenovela, Agustín se va sumergiendo
en la tina, y la luz va disminuyendo hasta apagarse.

CUADRO 2

Mariela limpia el televisor. Entra Agustín.

Agustín: Hola, mi amor. Hoy tuve un día buenísimo. Fíjate que yo fui el único de toda la oficina que había visto el último capítulo de la telenovela. (Con entusiasmo) ¡Se la tuve que contar a todo el mundo! Hasta el jefe se acercó para escuchar mi relato.

Mariela: Te felicito. Estoy muy orgullosa de ti. Como siempre, el único que está bien informado en esa oficina. (Se da cuenta de que Agustín oculta algo) ¿Y eso? ¿Qué traes ahí?

Agustín: (Muestra un regalo) Para ti.

Mariela: ¿Y esto?

Agustín: ¡Me eligieron "empleado del mes"!

Mariela: Ya era hora que valoraran tus conocimientos y preparación. Se ve que los dejaste muy impactados con los comentarios sobre la telenovela.

Agustín: (Dándose importancia) Y eso que no les di muchos detalles. Si no, todavía estaría contándoles.

Mariela: Seguro que mañana todos te vuelven a preguntar.

Agustín: ¡Sí! Mañana todos hablarán de la nueva telenovela. Hoy empieza. Pero abre tu regalito antes de que comience.

Mariela: ¿Qué es?

Agustín: Sorpresa.

Mariela: (Abriéndolo) Un marco de fotografía… Qué bonito…

Agustín: Pero míralo bien.

Mariela: ¡Dios mío! ¡Trae la foto de Chayanne!!!

Agustín: Para que no te olvides de la telenovela.

Mariela: ¡Qué detalle tan amoroso! (Lo abraza)

Agustín: ¿Ya está lista el agua?

Mariela:	Sí, bien calentita.

(Agustín entra en la tina. Ruido de puerta. Entra Pechi desde la calle)

Pechi:	Hola, todo el mundo.
Mariela:	Hola, Pechi. ¿Qué pasa que vienes tan contento? ¿Conseguiste trabajo?
Pechi:	Parece que voy a conseguir.
Mariela:	¿Cómo "parece"?
Pechi:	Sí, me presenté a un trabajo de vendedor y…
Agustín:	¿Vendedor??? ¿Y tú qué sabes de ventas?
Pechi:	Nada. Pero algún día se empieza a aprender, ¿no? Nadie nace sabiendo.
Agustín:	¿Por qué no fuiste al canal, como te dije?
Pechi:	Fui. Pero me dijeron que para trabajar como actor primero tengo que estudiar actuación.
Mariela:	¡Estudia! ¡Estudia, hijo!
Pechi:	No, mamá. Necesito conseguir trabajo ahora. Desde que me echaron de mi trabajo no tengo dinero ni siquiera para ir al cine con Patricia.
Agustín:	¿Trataste de hablar con Chayanne?
Pechi:	Sí, pero me dijeron que no se puede. Primero pensaron que era periodista, pero cuando les dije que buscaba trabajo como actor me cerraron la puerta en las narices.
Mariela:	¿Y ahora qué vas a hacer?
Pechi:	Vender. Me dijeron que los libros que voy a vender se venden como pan caliente.
Mariela:	¡Qué bueno! Te felicito.
Agustín:	¿Y qué clase de libros son esos?
Pechi:	No sé. Supongo que deben ser libros para la escuela. ¿Y Leni?

Mariela: Está en su cuarto, preparándose para ver su programa favorito.

Agustín: Ya empieza, ya empieza. ¡Silencio, por favor!

Nechi: ¿Van a ver el partido de fútbol?

Mariela: No, hijo. Hoy empieza una telenovela nueva.

Nechi: ¿Otra más?

Agustín: ¡Cállense, por favor! Empieza.

(Mientras se oye el comienzo de la telenovela, Agustín se sumerge en la tina. Aparece Leni desde su cuarto. Viste un traje de Batman)

Leni: ¿Ya empezó?

(Todos lo miran sorprendidos. Apagón)

CUADRO 3

Mariela está limpiando el televisor. Esta angustiada queriendo sacar unas manchas que se resisten a salir. Primero con el aliento, luego escupiendo y pasando un trapo a la pantalla imaginaria.
Entra Agustín desde la calle.

Agustín: Hola, mi amor. (Va caminando rápidamente hacia el otro lado del
             escenario. Se saca la chaqueta rápidamente, se la da a Mariela y repite
             todos los gestos que había hecho al comienzo de la obra. El diálogo es
             ahora mucho más rápido y agitado)

Mariela: Hola amor. ¿Cómo te fue?

Agustín: Bien. ¿Ya empezó? (Se saca la corbata y la tira hacia adentro de la
             habitación. Sigue sacándose la ropa muy velozmente)

Mariela: (Sigue el ritmo rápido de Agustín) Todavía no. Faltan 10 minutos.

Agustín: (Toca el agua de la tina) ¿Está tibia?

Mariela: Como siempre (Lo besa automáticamente)

Agustín:	(Termina de sacarse la ropa) Apúrate, pon la tele. No quiero perderme ni un segundo de la novela. Recuerda que hoy es el último capítulo. (Entra a la tina zambulléndose)
Mariela:	Ya sé. (Señalando el televisor) Estuve limpiándolo todo el día.
Agustín:	¿Y los muchachos?
Mariela:	No sé. Ya vendrán.
Agustín:	(Se ha sumergido. Ahora solo se le ve la cabeza) ¿Preparaste algo para comer?
Mariela:	No tuve tiempo. ¿Quieres un sándwich?
Agustín:	(Más molesto que en la primera escena) ¿No tuviste tiempo? ¿Y que hiciste todo el día?
Mariela:	¿Te parece poco? Mi madre me lo decía, mi madre siempre me lo decía. (Aumentando el ritmo cada vez en forma más acelerada, adoptando un carácter aun más automático) Y yo limpia que te limpia el televisor. Una manchita aquí, otra más allá...
Agustín:	Anda, anda. El sándwich, el sándwich...

Mariela sale al mismo tiempo que entra Pechi colmado de Biblias. Los diálogos de todos los personajes se emiten simultáneamente, entremezclándose.

Pechi:	Señoras y señores, hoy tenemos Biblias especiales: para el día de la madre, para el día del padre, para el día del niño... ¿qué mejor regalo que una Biblia? Una Biblia de día, una Biblia de tarde y (con marcada intención) una Biblia para la noche.
Leni:	(Entra corriendo. Lleva un traje de Batman. Sube rápidamente al tope de la escalera. Se dirige hacia el público) ¿Oye, Robin... donde has dejado el batimóvil?
Pechi:	Biblias, Biblias. Ofertas de Biblias. Todas a precio especial. Con tapa dura, con tapa blanda, con tapa a colores.
Agustín:	Sándwich los lunes, sándwich los martes, sándwich los miércoles, sándwich los...
Mariela:	(A Pechi) ¡Por fin conseguiste trabajo! (Va rápidamente hacia el televisor. Desesperada) ¡Una mancha! Pero, ¿cómo no se dieron cuenta de esta mancha?

gustín: Sándwich los jueves, sándwich los viernes, sándwich los... (Con el control remoto va aumentando el volumen del televisor)

echi: Biblias para todo momento. ¿Se siente solo? La Biblia es la mejor solución. ¿Está aburrida? ¡La Biblia tiene la respuesta!

oz en off: ¡Noticia de último momento! (Todos se quedan paralizados viendo la televisión) El gobierno ha establecido el estado de emergencia en todo el país ante el inminente ataque terrorista. Se establece que... (La voz se interrumpe repentinamente)

Mariela: (Haciendo gestos como pidiendo al locutor que siga hablando) Se establece que...

Agustín: ¡Cállate! ¡Deja escuchar!

Voz en off: Se establece que los terroristas han colocado bombas en diversos edificios públicos. ¡Alerta roja!

Siguen los diálogos sucediéndose de forma cada vez más histérica)

Pechi: Biblias, biblias, biblias...

Leni: Robin: súbete al batimóvil.

Agustín: Sándwich de día, sándwich de tarde, sándwich de noche.

Pechi: Biblia para el dolor de cabeza, Biblia para el mal de amor...

Leni: No se desespere comisario. Los paladines de la justicia van hacia allá.

Agustín: Sándwich, sándwich, sándwich...

Pechi: Biblia para todas sus enfermedades. Biblia es la solución natural.

Mariela: (Por el televisor. Desesperada y extremadamente histérica) No funciona, no funciona...

(Todos siguen emitiendo sus respectivos discursos mientras se va cerrando lentamente el telón)

FIN

7

Después de leer

I. Preguntas de comprensión:

1. ¿Qué lugar ocupa la televisión en la vida de la familia?
2. ¿Cómo es la relación entre Agustín y Mariela?
3. ¿Qué impacto tiene la televisión en el trabajo de Agustín?
4. ¿Por qué lo eligen a Agustín empleado del mes?
5. ¿Cómo es la personalidad de Pechi y Leni?
6. ¿Qué significado tiene para Mariela el regalo que le da su esposo?

II. Interpretación:

1. ¿Qué importancia tienen los mensajes que interrumpen la programación habitual?
2. ¿Cómo reaccionan los personajes ante esas interrupciones?
3. ¿Qué significado o simbolismo tiene la tina?
4. ¿Cómo influye la televisión en la dinámica familiar?
5. ¿Qué relación hay entre los tres cuadros?
6. ¿Se identifica usted con alguno de los personajes? ¿Por qué?

III. Temas para el análisis:

1. La influencia de la televisión en la sociedad actual.
2. El efecto de la televisión en las relaciones familiares.
3. Los íconos televisivos.
4. La utilización de mensajes políticos en la programación de televisión.
5. Las diferencias generacionales.
6. La parcialidad o imparcialidad de los medios de comunicación.

La asociación

ntes de leer

Acercamiento al tema

1. ¿Conoce alguna persona que ha sido discriminada?
2. ¿Existe discriminación en tu escuela o universidad?
3. ¿Hay algún grupo que luche por la defensa de derechos o en contra de la discriminación?
4. ¿Cómo se puede luchar contra la discriminación?
5. ¿Conoce personajes que representan caracterizaciones especiales?

I. Vocabulario

eunión	meeting
ncuesta	survey
eclutamiento	recruitment
etención	retention
nameluco	overalls
nodoro	toilet
nodificado	modified
dulzura	sweetness
oondad	kindness
cifra	number
disculpar	to excuse
activista	activist
socializar	to socialize
objetivos	objective
atentar	to make an attempt on someone
chillón	noisy
diversificación	diversification
prioridad	priority
trasladarse	to move
apretado	cramped
taller	garage
banco	bench

III. Expresiones

Pagar justos por pecadores
Tenemos cerebro
Estamos en los primeros pasos

PERSONAJES:

Coordinadora

Profesor García

Alfonso Grasa

Profesor Méndez

Profesora Luz

Profesora Grandi

Inglés

Rosauro

Secretaria

Jubilado

<u>Lugar</u>: institución educativa (puede ser una escuela o universidad).

(Se abre el telón y se ve a un grupo de personas de pie hablando; algunos se están presentando. Se refleja un ambiente de extrema formalidad.)

Coordinadora: Muy bien, señores; les propongo que demos comienzo a esta reunión. (Todos se sientan alrededor de una mesa) Ante todo muy buenos días y muchas gracias por haber aceptado esta invitación. Gracias también a todos los que completaron la encuesta. Como saben, el motivo de esta reunión es formar una asociación de profesores y empleados hispanos. Tenemos en esta institución educativa un grave problema de reclutamiento y retención de estudiantes hispanos. Es por ello que la oficina que represento, "Oficina de asuntos multiculturales y diversidad," quiere impulsar la creación de una asociación que colabore con esa difícil tarea. (Ve que el profesor García levanta la mano) Sí, profesor García.

Profesor García: Me gustaría saber qué pasó con la asociación que existía hace unos años.

Coordinadora: (Incómoda) Bueno, en realidad, no sabemos exactamente. Sus miembros no se han vuelto a reunir y por eso pensamos que...

Ifonso Grasa: (Aparece vistiendo un mameluco lleno de grasa) Disculpen que llegue un poco tarde, pero es que tenía que terminar de destapar un inodoro que dejaba caer toda la... toda la... toda la...

oordinadora: Bueno, no se preocupe, hombre. Pase y tome asiento.

Ifonso Grasa: Es usted muy amable. ¿Me presento? Soy Alfonso Grasa (Le extiende la mano, pero la coordinadora se la rechaza. Finalmente se sienta).

oordinadora: Decíamos que necesitamos unirnos para trabajar en el reclutamiento y la retención de estudiantes hispanos.

rofesor Méndez: ¿Podría decirnos cuál es la situación de los profesores hispanos? Porque yo considero que los estudiantes necesitan modelos, personas con las que se puedan identificar. ¿Cuántos profesores hispanos tenemos?

rofesora Luz: Permítame agregar que cuando hablamos de profesores debemos hablar también de *profesoras*. Tenemos que tener cuidado de no discriminar contra las mujeres. Los estudiantes, y en especial *las* estudiantes, necesitan tener profesoras.

Celia: Es verdad, siempre es bueno que se tenga la imagen de la madre presente. La dulzura y la bondad femenina, el símbolo de la pureza. La más...

rofesora Luz: (Interrumpiéndola) No me refería a eso exactamente. Las mujeres también tenemos cerebro, podemos pensar, ser intelectuales, igual o más inteligentes que los hombres. Pero en fin, quisiera volver a la pregunta que estábamos intentando formular. ¿Cuántos profesores y profesoras hispanos somos en esta institución?

Coordinadora: No tengo conmigo los datos precisos, pero calculo que serán aproximadamente unos... (tosiendo para que no se le entienda) *tecientos*.

Profesor Mendez: Pero esa cifra debe incluir a profesores, empleados y estudiantes.

Coordinadora: Como les decía, no tengo el número exacto. Pero si buscan en el sitio de Internet de la institución podrán encontrar los datos que necesitan.

Profesor Mendez: Esos datos no están actualizados. Ya tienen varios años sin ser modificados.

Profesora Luz: Antes de establecer las metas de la asociación debemos conocer cuál es la realidad de este momento.

Profesora Grandi: (Es muy obesa) Ustedes me disculparán pero a mí me dijeron que podríamos traer nuestro almuerzo, y ya es el mediodía así es que yo... (Abre una bolsa y saca un sándwich enorme).

Coordinadora: (Sonriendo y tratando de ser amable) Por supuesto. Adelante. Todos lo que quieran pueden comer.

Profesor García: Yo considero que sería importante que decidamos si vamos a ser un grupo activista o no.

Coordinadora: (Nerviosa) Bueno, este... eso es algo que debe resolver el grupo cuando esté oficialmente constituido. Estamos apenas en los primeros pasos de la organización y...

Profesor García: Hay que decir que todos estamos muy ocupados y no venimos aquí para socializar. Tenemos que hacer cambios estructurales. Hace años que el porcentaje de hispanos no aumenta; por el contrario, yo creo que somos cada vez menos.

Inglés: (Entrando. Habla con un marcado acento inglés) Permisou. ¿Es éste el grupou nuevou de hispanics?

Coordinadora: Sí, sí, adelante.

Inglés: Quisierou saber si puedou participar en este grupou o es solou para hispanics.

Coordinadora: Por supuesto que puede participar. Esta asociación está abierta a todas las personas de la institución, tanto profesores como empleados.

Inglés: Sí, porque si nou sería una discriminación contra nosotros los blancous.

Profesor Méndez: Disculpe que lo corrija. Usted querrá decir "los anglosajones" ¿no es cierto? Porque blancos hay en muchos grupos. También hay hispanos blancos.

Coordinadora: Bueno, creo que podemos seguir hablando de cuáles serían los objetivos del nuevo grupo.

Rosauro: (Entra caminando con movimientos marcadamente femeninos) Permiso. ¿Es este el nuevo grupo gay?

Coordinadora: No, ésta es la nueva asociación de profesores y empleados hispanos.

Rosauro: Ah, bueno, no importa. Pero aceptan gays, ¿no?

Coordinadora: (Con desagrado) Sí, sí. Tome asiento.

Rosauro: (Sentándose) ¿Puedo presentarme? Soy Rosauro, secretaria de la asociación de empleados gays. Yo también soy hispano, aunque no lo parezca, de manera que podríamos establecer fuertes nexos entre las dos organizaciones. Ambos grupos hemos sufrido discriminación a lo largo de la historia de esta institución. Y yo creo que...

Coordinadora: Temo que tengo que interrumpirlo y corregirlo. Los objetivos de la asociación de profesores y empleados hispanos se enfocan en el reclutamiento y la retención de estudiantes hispanos...

Profesor Méndez: Y también de los profesores.

Profesor García: Creo que todavía no hemos establecido ninguna lista de prioridades. Me parece que el tema de la discriminación es un tema importante que deberíamos tener en cuenta.

Profesora Grandi: (Con la boca llena) Estoy de acuerdo. También se nos discrimina a los gordos. El solo hecho de hacer esta reunión durante la hora del almuerzo atenta contra los que somos de buen comer.

Secretaria: (Entrando) Perdón. Siento comunicarles que deben trasladarse a otro lugar, porque el presidente necesita usar esta oficina. (Sale)

Rosauro: ¡Qué atropello!

Profesor García: No debemos permitir esto.

Coordinadora: Podríamos ir a mi oficina. Vamos a estar un poco apretaditos, pero...

Alfonso Grasa: ¿Por qué no vamos a mi taller? Movemos las herramientas a un lado y nos sentamos en el piso. El mes pasado lo lavé. Está limpito limpito.

Profesor Méndez: Debemos pedir que se asigne una oficina para la asociación.

Secretaria: (Entra) El presidente dice que no se preocupen, que les presta esta oficina y aprovecha la oportunidad para enviarles un mensaje de solidaridad con la nueva asociación gay.

Rosauro: Gay y lésbica.

Profesor Méndez: Nada de eso. Dígale que esta es una asociación de profesores hispanos y que nada tenemos que ver con los gays.

Rosauro: Esto es una ofensa. ¿Cómo que no tenemos nada que ver?

Alfonso Grasa: ¿Y nosotros qué? ¿Qué pasa con los empleados? ¿No es esta una asociación de profesores *y* empleados?

Coordinadora: (Sudando. Se pasa un pañuelo por la frente) Bueno, no se pongan así. (A la secretaria) Por favor, aclárele al señor presidente que ésta es una asociación de profesores y empleados hispanos.

Secretaria: (Molesta) Ya mismo se lo diré. Pero entonces vayan buscando otro lugar donde reunirse. (Sale abruptamente y cierra la puerta dando un fuerte golpe).

(Todos comienzan a hablar y discutir acaloradamente).

Coordinadora: Señores. ¡Señores, por favor!

(Todos se van calmando).

Profesora Grandi: Propongo que la próxima reunión sea en mi casa. A la hora de la cena. Cada uno puede traer un plato típico de un país distinto. ¡Una cena multicultural! ¡Qué divino!

Profesora Luz: No me parece adecuado. Tenemos que reunirnos dentro de la institución. Además sería más conveniente para todos.

Profesora Grandi: (Ofendida) ¿Más conveniente? ¿Qué quiere decir "más conveniente"? ¿Qué mejor que intercambiar deliciosos platillos típicos para conocerse mejor?

Profesor García: Esto no debe convertirse en una reunión social. Tenemos que apuntar a lograr cambios estructurales.

Rosauro: Les ofrezco la oficina de la organización gay y lésbica. Tenemos un hermoso salón con un jacuzzi en el centro.

Profesora Grandi: ¡Qué degeneración!

Alfonso Grasa: ¡Qué porquería!

Rosauro: Sin ofender, por favor. Sin ofender.

Coordinadora: Lo mejor será que yo me comunique con ustedes para convocar a la próxima reunión por correo electrónico.

Profesor García: Buena idea. Debemos hacer uso de la tecnología para comenzar los cambios estructurales que nos permitan...

lfonso Grasa: (A la Profesora Grandi) ¿Qué dice éste? (La Profesora Grandi hace un gesto de confusión).

rofesor Méndez: (Al profesor García) ¿No se da cuenta que muchos miembros de la asociación no tienen acceso a una computadora?

rofesor García: Precisamente. Ese es un tema fundamental. Usted lo ha dicho: el acceso a los instrumentos de la cultura debe ser igual para todos los individuos dentro de la institución. (Grandi y Grasa gesticulan entre sí).

Entra un hombre viejo, de unos 100 años).

ubilado: (Camina con dificultad, apoyándose en un bastón). Buenos días. Muchas gracias por haber venido.

oordinadora: (Tratando de interrumpirlo) Pero...

ubilado: (Subiendo la voz) Hoy vamos a tener una agenda muy amplia, de manera que les agradeceré a todos que no me interrumpan, por favor. (Busca un lugar donde sentarse, pero como no ve bien va chocando con todos) El primer tema que vamos a discutir hoy es el de la salida de los domingos. (Con gran énfasis) ¿No habíamos quedado en que los domingos íbamos a reunirnos en el parque? (A la Coordinadora, que se pone muy nerviosa) A usted no la vi el domingo pasado. ¿Qué le pasó? (Pegándole con el bastón) ¿Se puede saber por qué no asistió? (La Coordinadora intenta contestarle) ¡No me diga nada! Las excusas no son aceptables, señorita. Las reuniones de los domingos en el parque son muy importantes. ¿Quién le va a dar de comer a las palomas? (Se dirige a la Profesora Grandi) ¡No debemos ser egoístas! (Grandi se atraganta con el sándwich y empieza a toser; el Jubilado le da un fuerte golpe en la espalda) ¿Ya ve? ¿Ya ve lo que pasa cuando sólo pensamos en nosotros mismos? Todos necesitamos comer: los seres humanos, los animales, las plantas. ¿Entiende? (Le da un fuerte bastonazo; Grandi asiente nerviosamente) Debemos también cuidar los bancos de los parques. Los bancos son para sentarse. (Gira rápidamente hacia Rosauro) Los jubilados necesitamos los bancos para nuestras reuniones dominicales. Los bancos no son para las parejas de degenerados (Le pega un bastonazo. A medida que el anciano va hablando, uno por uno va saliendo. Ahora se dirige al profesor García) Hay quienes quieren cerrar el parque central. ¿Por qué? ¿Por qué cambiar las costumbres de los pobres ancianos que no tienen otro lugar donde reunirse? ¿Qué daño le hacemos a la sociedad? Hemos contribuido toda la vida para el bien de todos y ahora ¿cómo se nos paga? (Le da un fuerte bastonazo) No es justo que tengamos que pagar justos por pecadores. (La última en salir es la Coordinadora. El anciano se queda solo) Estos viejos de mier... (Se interrumpe. Mira hacia todos lados) ¡Me dejaron solo otra vez! (Entra la Secretaria)

8

Secretaria: (Su entusiasmo desmedido le impide percatarse que sólo está el Jubilado. Su rostro refleja una mueca falsamente alegre, burlesca. Chillón tono de voz). Dice el señor presidente que les da una afectuosa bienvenida. Que la formación de esta nueva asociación coincide gratamente con el objetivo número uno de su política educativa: diversidad para una mejor educación.

Jubilado: Claro, mamita. Ven aquí, vamos a diversificarnos. (Corre a la Secretaria que da un fuerte grito. Ambos salen corriendo).

APAGÓN

Después de leer

Preguntas de comprensión:

. ¿Cuál es el objetivo de la reunión?
. ¿Qué es un grupo activista?
. ¿Cómo es recibido Rosauro?
. ¿Cómo se puede describir al Inglés?
. ¿Cómo desarrolla su función la Coordinadora a lo largo de la reunión?

I. Interpretación:

1. ¿En cuántos grupos sociales pueden dividirse los asistentes a la reunión?
2. ¿Cómo se trata en la obra el tema de la discriminación?
3. ¿Cuál es el significado y la importancia del personaje "ausente" del Presidente?
4. ¿Cuál es la función del personaje de la Secretaria?
5. ¿Cree usted que sería efectiva una asociación de ese tipo?
6. ¿Considera que es importante integrar en esa clase de grupos a personas de distinta extracción social?
7. ¿Es positivo la inclusión de personajes que representan caracterizaciones especiales, como Rosauro, la Profesora Grandi y el Inglés?

III. Temas para el análisis:

1. La discriminación en las instituciones educativas.
2. Los grupos sociales.
3. La función del personaje "ausente."
4. La eficacia de una asociación de profesores y empleados hispanos.
5. Los personajes de caracterizaciones especiales.

El sueño de Juan Domingo

Antes de leer

I. Acercamiento al tema

1. ¿Cuál es la importancia de los partidos políticos?
2. ¿Participaría usted en algún partido político?
3. ¿Podemos cambiar la personalidad de un ser humano?
4. ¿Es usted una persona idealista?
5. ¿Qué opina de las personas idealistas?
6. ¿Es siempre bueno adaptarse completamente a la sociedad?

II. Vocabulario

solemnidad:	solemnity
enormemente:	tremendously
adivinar:	to guess
cátedra:	professorship
lista/o:	ready
orgullosa:	proud
viejo:	old man
saludable:	healthy
seriedad:	seriousness
broma:	joke
incapaz:	incapable
envidia:	envy
discurso:	speech
expectativa:	expectation
sollozar:	to sob
rato:	moment
tratamiento:	treatment

III. Expresiones

No me pasa nada.
Presta mucha atención.
Estamos suena a orquesta.
Echar en cara.
Tomar en serio.
Poner los pies en esta casa.
No seas tan duro.
Con eso no se come.

Escena 1
(Juan Domingo y Susana)

ıan Domingo entra al apartamento y se encuentra con su esposa. Esta lo recibe con
isteza. Algo oculta.

ıan Domingo:	Hola, Susy. (Transición) ¿Pasa algo? ¿Por qué estás así?
usana:	Por nada, por nada.
uan Domingo:	¿Segura?
usana:	Sí.
uan Domingo:	Algo te pasa.
ɔusana:	No, hombre, ya te dije que no me pasa nada. (Ayudándole a quitarse el saco) Lávate las manos que ya tengo la cena lista.
uan Domingo:	Un momento. Antes que nada tenemos que hablar (Con solemnidad. Haciéndose el misterioso) Hay algo muy importante que debo decirte.
ɔusana:	(Asustada) Otra vez se descompuso el auto.
Juan Domingo:	No.
ɔusana:	Pasó algo en la escuela.
Juan Domingo:	No, mujer, no. Se trata de algo muy bueno. Algo que cambiará nuestras vidas enormemente. Pero no puedo decirte nada si mantienes esa cara. Vamos, vamos. A ver: quiero ver la sonrisa más grande y hermosa que jamás hayas expresado. A ver: quiero ver esa sonrisa. ¿Lista?
Susana:	(Esforzándose por sonreír) ¿Qué pasa?
Juan Domingo:	Qué pasa, qué pasa. Siéntate y presta mucha atención. ¿Lista?
Susana:	(Ya más animada) Sí, hombre, sí.
Juan Domingo:	No te digo nada.
Susana:	¿Qué? Tú estás loco.

Juan Domingo:	Adivina.
Susana:	(Molesta) ¿Que adivine qué?
Juan Domingo:	Adivina lo que me ofrecieron.
Susana:	No sé, no se me ocurre nada.
Juan Domingo:	Piensa, piensa. Es algo fantástico.
Susana:	No sé. (Piensa) Te ofrecieron más horas de clase en la escuela.
Juan Domingo:	No, mujer; algo mucho más importante.
Susana:	Ya sé. (Entusiasmándose) Te ofrecieron una cátedra en la universidad.
Juan Domingo:	(Que se había alegrado; desinflándose) No, no. Algo… mucho más importante.
Susana:	Bueno, bueno. Ya dilo de una buena vez.
Juan Domingo:	¿Estás lista?
Susana:	Ya te dije que sí. Pronto, que la comida se va a quemar. Vamos.
Juan Domingo:	Se inaugurará un nuevo local del partido. Y a que no sabes quién será su presidente.
Susana:	(Desilusionada) No me digas que tú.
Juan Domingo:	¡JUAN DOMINGO AROZARENA!
Susana:	(Enojada) ¡JUAN!
Juan Domingo:	¡Cómo! ¿No te alegras?
Susana:	Pero… ¿cómo quieres que me alegre?
Juan Domingo:	¡SUSANA! Pero… (Pausa. Nervioso) Realmente no te entiendo. Cualquier mujer estaría super orgullosa de que su esposo llegue adonde yo estoy. ¿Tienes idea de lo que esto significa?
Susana:	¿Adonde tú estás? Y tú… ¿tienes idea en qué situación estamos?

Juan Domingo:	(Molesto) No sé a qué te refieres.
Susana:	Hace tres meses que no pagamos el alquiler del apartamento. Ya nos van a desalojar y no tenemos dinero suficiente para alquilar ni siquiera un cuarto.
Juan Domingo:	Bueno, bueno. No exageres.
Susana:	¿No exageres? ¿Te olvidas que la semana pasada tuvimos que vender los muebles porque no teníamos para comer?
Juan Domingo:	¿No me estarás echando en cara que trabajo poco, no? Bien sabes que tuve que dejar de trabajar tiempo completo para dedicarme a forjar un mejor futuro para ti y para nuestros hijos.
Susana:	¿Nuestros hijos? Si nosotros no tenemos hijos.
Juan Domingo:	Cuando los tengamos.
Susana:	¿Tú crees que con un trabajo de medio día vamos a poder mantener a un hijo?
Juan Domingo:	Pero tu trabajo…
Susana:	(Interrumpiéndolo) Bien sabes que no puedo trabajar porque me dañé la columna de tanto levantar cosas pesadas durante diez horas por día.
Juan Domingo:	Pero ya vas a volver a trabajar y entonces…
Susana:	¡Siete meses más! Y eso si la operación sale bien.
Juan Domingo:	(Tratando de armonizar) Pero, Susana. Ahora que me voy a poder dedicar completamente a la política…
Susana:	(Interrumpiéndolo. Absorta) ¿Completamente??? Querrás decir, con excepción de las horas de clase en la escuela de la capital, ¿no?
Juan Domingo:	(Titubeando) Bueno… este…
Susana:	No me digas que…
Juan Domingo:	Tuve que renunciar.

Susana:	¿Te diste el gusto de renunciar? ¿Sabiendo que no tenemos ni para comer?
Juan Domingo:	Pero, Susana…
Susana:	Pero… ¿cómo puedes ser tan…?
Juan Domingo:	No renuncié… (Pausa) Me echaron.
Susana:	¿Te… echaron?
Juan Domingo:	Sí, sí. (Tomando más fuerza) Claro, como el director de la escuela sabe que soy de otro partido político… Ya sabes cómo son las cosas. (Imitando al director) "Señor Arozarena: basándome en el artículo cuarto del código del Ministerio de Educación, hago uso de mis facultades al despedirlo por intento de adoctrinar políticamente a los estudiantes." ¡Qué hijo de…! ¿Adoctrinar políticamente? ¿Yo, que siempre me destaqué por…? (Se interrumpe. Observa a Susana que comienza a caminar) ¿Adónde vas?
Susana:	(Se detiene. Esforzándose para no llorar) Voy a servirte la comida.
Juan Domingo:	Pero, Susana, Susana. Compréndeme. Ahora todo va a ser diferente. (Sigue hablando sin darse cuenta de que Susana se va de la sala. La luz se va concentrando en Juan Domingo) Imagínate, Susana. Ahora voy a presidir un comité. ¡Los discursos que voy a dar! No van a caber los correligionarios en el local. (Comienza la oratoria) Este es el momento de los grandes cambios ¡Basta de falsas promesas! Nosotros somos los únicos que tenemos en nuestras manos el plan que habrá de solucionar de raíz los problemas de los más necesitados. (Transición) Escucha, Susana. Escucha los aplausos y los gritos. (Saluda al supuesto público) (Muy emocionado) Escucha, Susana.

La sala del apartamento vuelve a iluminarse. Juan Domingo se da vuelta y observa a Susana que enta con dos platos de comida.

Susana:	¿Quieres la carne medio cocida o bien cocida?
Juan Domingo:	Pero, Susana. Te estoy hablando de cosas trascendentales, de cambiarle la cara al país, y me vienes con… (Remedándola) "¿Quieres la carne medio cocida o bien cocida?" ¡Susana, por favor!
Susana:	Vamos, vamos. Siéntate y come, que se enfría.

e sientan y comienzan a comer. Tocan la puerta.

usana:	(Molesta) ¿Quién será a esta hora?
Juan Domingo:	Algún vendedor, como siempre.
usana:	(Más molesta) Siempre viene gente ¡justo a la hora de comer! (Se levanta y va a abrir la puerta)

Escena 2
(Ricardo, Susana y Juan Domingo)

Ricardo:	(Entrando. A Susana) ¿Qué tal, Susana?
usana:	¡Oh! Ricardo. ¿Cómo estás?
Ricardo:	Bien. ¿Te enteraste de la noticia? Abrirán un nuevo comité político a tres cuadras de aquí.
usana:	Ya sé.
Ricardo:	(A Juan Domingo) ¿Qué tal, Juancito? ¿Cómo va todo?
Juan Domingo:	(Muy alegre) Imagínate. Pero, siéntate, siéntate. Justo íbamos a comer. Susana: tráele un plato a Ricardo.

(Susana se queda sin saber qué hacer, nerviosa)

Ricardo:	(Dándose cuenta de la situación) No, no. Ya comí, muchas gracias.

(Se sientan los tres)

Juan Domingo:	¿Te imaginas cómo estamos de contentos?
Susana:	(Molesta) ¡Estamos suena a orquesta!
Juan Domingo:	(A Ricardo) Mira, cuando sea presidente del comité, lo primero que voy a hacer es nombrarte secretario.
Ricardo:	¡Uuuuh! ¡Para esa época quién sabe dónde estaré!
Juan Domingo:	(Sorprendido) ¿De qué hablas? Si en una semana el nuevo comité ya estará funcionando.

Ricardo:	(Riéndose) Me refería a lo de tu presidencia.
Juan Domingo:	¿De qué te ríes?
Ricardo:	(Sigue riéndose) ¿No te habrás creído lo del viejo, no?
Juan Domingo:	(Sin salir de su sorpresa) ¿Qué dices?
Ricardo:	El viejo tiene cada cosa. Bueno, después de todo es saludable mantenerse alegre; sobre todo a su edad. (Más risa) Podría ser un buen cómico. (Recordando) Y con la seriedad que lo decía… (Remedando) "Señor Arozarena, usted será el presidente del nuevo comité. Confío en que sabrá manejarlo con gran eficiencia." (Carcajadas) ¡Já! ¡Con gran eficiencia! (Más carcajadas) ¡Cómo se reía! Los muchachos estuvieron más de una hora riéndose de la broma que te hizo.
Juan Domingo:	(Enojado) Pero, ¿qué dices? (Duro) ¡No seas imbécil!
Susana:	¡Juan!
Juan Domingo:	El doctor Aguirre es incapaz de hacer una broma así.
Ricardo:	Bueno, Juan… Nunca pensé que lo del viejo te lo tomarías en serio.
Juan Domingo:	Lo dices por envidia. Porque sabes que a ti nunca te ofrecerían un cargo así… ¡Ni te lo ofrecerán!
Ricardo:	No te enojes, Juan. Yo solo quería…
Juan Domingo:	(Interrumpiéndolo) ¡Vete, mejor! No quiero que vuelvas a poner los pies en esta casa.
Susana:	¡Juan! No seas tan duro.
Juan Domingo:	¿Duro? ¿Acaso no es duro él, que viene a contar mentira tras mentira?
Ricardo:	Discúlpame, Juan. No fue mi intención ofenderte.
Juan Domingo:	¡Ya te he dicho que te vayas! No quiero volver a verte.
Ricardo:	Está bien. (Se dirige hacia la puerta)

Juan Domingo: Y escucha bien lo que te voy a decir: No solo no vas a poder volver a esta casa; tampoco quiero que pongas los pies en mi comité.

Ricardo: (Triste) Está bien. (Sigue caminando lentamente)

Juan Domingo: ¡Secretario! (Ricardo se detiene otra vez) Ese puesto te queda grande. (Pausa. A Susana) Voy a traer el discurso para que lo oigas. (A Ricardo) Cuando regrese, espero que ya te hayas ido.

Susana, que se ha mantenido a la expectativa, comienza a sollozar.

Escena 3
(Susana y Ricardo)

Ricardo: ¿Qué piensas hacer?

Susana: No sé.

Ricardo: Es como un niño.

Susana: Sí.

Ricardo: Nunca pensé que llegaría a esto. (Piensa) Mira, Susana: estuve hablando con Fernando… ¿Te acuerdas de él?

Susana: ¿El doctor?

Ricardo: Sí. Hablamos sobre Juan Domingo.

Susana: (Sorprendida) ¿Cómo?

Ricardo: Tú sabes. Juancito está bastante… en fin. Fernando dice que tiene un amigo que es psiquiatra y…

Susana: ¿Qué estás tratando de decirme?

Ricardo: (Con temor) Bueno. Tú sabes que Juan Domingo ha perdido el trabajo debido a su comportamiento un tanto extraño y…

Susana: (Interrumpiéndolo) Ha renunciado porque el director de la escuela sabe que pertenece a otro partido político y no lo acepta porque no le conviene. Porque tiene miedo de que otro más inteligente que él le haga sombra.

Ricardo: Pero, Susana… Tienes que aceptar que Juan está completamente…

Susana:	(Otra vez lo interrumpe) No te atrevas a decir nada en contra de Juan Domingo.
Ricardo:	Pero…
Susana:	¡Te prohíbo que vuelvas a insultarlo! ¿Qué clase de amigo eres?
Ricardo:	Pero si hace un rato reconociste que se comporta como un niño.
Susana:	¿Y qué hay de malo en eso?
Ricardo:	Se ilusiona con cosas muy infantiles. Pero con eso no se come. Si no vuelve a trabajar… ¿con qué van a mantenerse?
Susana:	Ya lo pensé. (Con lágrimas en los ojos) Yo voy a trabajar.
Ricardo:	¿Tú? Yo pensaba que estabas enferma…
Susana:	No importa. Pronto estaré mejor.
Ricardo:	Pero además él necesita ayuda, Susana. Comprende. Es necesario que haga un tratamiento.
Susana:	¿Un tratamiento? ¿Para qué?
Ricardo:	¿Cómo para qué? Para que cambie.
Susana:	¿Que cambie? ¿Y por qué tiene que cambiar? ¿Para ser como tú, o como esos viejos que se sientan todo el día en un comité esperando la hora para poder reírse de los inocentes que pretenden luchar a favor del pueblo? (Transición) Es un niño, sí. ¿Y por qué tendría que matar ese niño cuyo único pecado es desear el bien de los demás? ¡Cambiar! ¿Para ser un hombre de prestigio y hacer todo lo que la sociedad manda, como si la sociedad fuera algo positivo? (Transición) Tú crees que está loco, y tal vez tengas razón. Juan Domingo es muy diferente de la mayoría de las personas. (Lentamente) El es muy distinto a ti. A él no le interesa el dinero, ni el prestigio, ni tener un auto nuevo. Su único interés es mejorar las condiciones de vida de los pobres. ¡Claro! Tiene que estar loco para pretender eso estando rodeado de mediocres y oportunistas. Pero tal vez su peor defecto es el creer en los demás con la inocencia de un niño. (Tratando de contener el llanto) Lo que más me duele es que nunca tendrá la oportunidad de llevar a cabo sus planes, porque nunca llegará a tener un puesto en el partido. Nunca llegará a ser presidente del comité. (Llora)

Ricardo:	Susana, yo…
Susana:	No digas nada. Será mejor que te vayas.
Ricardo:	(Pausa) Está bien. Sólo quiero que sepas que estoy a disposición de ustedes para lo que pueda ayudar. A pesar de todo, yo lo quiero mucho a Juan Domingo y…
Susana:	Si realmente lo aprecias, respétalo como es. El nunca expresó ningún deseo de cambiar. Por el contrario, es muy feliz preocupándose por la gente pobre. ¿Por qué habría de querer cambiar alguien que se siente feliz haciendo el bien a los demás? ¿Qué derecho tenemos de querer cambiar a quienes no viven como nosotros, o a quienes no tienen nuestras mismas ideas o ambiciones?
Ricardo:	Discúlpame. (Sale)

Escena 4
(Susana y Juan Domingo)

Entra Juan Domingo con un papel en la mano.

Juan Domingo:	¿Y Ricardo?
Susana:	(Contenida) Ya se fue.
Juan Domingo:	Mejor. Es un envidioso. (Susana lo abraza y llora) (Impotente. Como un niño) ¡Susana! No te pongas así, mi amor. No hagas caso a gente como esa que lo único que busca es amargar a los demás. (Transición. Con entusiasmo) Pero él nunca escuchará mi discurso. (Infantil) Se lo perdió. Escucha, Susana: el discurso, solo para ti. (Se dirige al público imaginario. La luz se concentra en él) Compañeros: No habrá una sola persona en este país que no goce del tratamiento médico necesario. Y todos los niños podrán ir a la escuela; el estado se encargará de proveer los materiales necesarios para su educación. No faltará el pan en la mesa de ningún obrero. Basta de falsas promesas. Es hora de poner en práctica lo que tantos políticos han prometido.
Susana:	(Aplaudiendo. Muy emocionada) ¡Bravo, Juan Domingo, bravo! Y todos colaboraremos para que el comité de Juan Domingo Arozarena sea el más importante del país. (Se abrazan)

Telón

9

Después de leer

I. Preguntas de comprensión:

1. ¿Cómo es la actitud de Susana al comienzo de las acciones? ¿Qué le pasa?
2. ¿Por qué Juan Domingo está contento?
3. ¿Qué lo hace creer que su vida va a cambiar?
4. ¿Por qué Susana no se alegra con la noticia de su esposo?
5. ¿Tienen hijos Susana y Juan Domingo?
6. ¿Qué le impide a Susana trabajar?
7. ¿Por qué lo echaron de su trabajo a Juan Domingo?
8. ¿Es Ricardo bienvenido a la casa?

II. Interpretación:

1. ¿Qué diferencia hay en la visión del mundo de Susana y Juan Domingo?
2. ¿Qué tipo de persona es Ricardo?
3. ¿Cuál es la importancia del jefe del comité como "personaje ausente"?
4. ¿Puede identificar un ejemplo de "metateatralidad"?
5. ¿Por qué se enoja Susana con Ricardo?
6. ¿Qué personaje experimenta un cambio importante a lo largo de la obra?
7. ¿Puede usted identificarse con algún personaje? ¿Por qué?

III. Temas para el análisis:

1. Los partidos políticos y sus costumbres.
2. El amor incondicional.
3. El cambio en la personalidad.
4. La adaptación o inadaptación a la sociedad.
5. La evolución de los personajes.

La desaparición del sonámbulo

Antes de leer

Acercamiento al tema

1. ¿Conoce gente que viva hacinada en un apartamento? ¿Cuántas personas conviven?
2. ¿Cuáles pueden ser algunas de las consecuencias de vivir en un espacio muy reducido?
3. ¿Cuánto cuesta el alquiler de un apartamento en su ciudad?
4. ¿Conoce alguna persona que tenga dificultad para pagar el alquiler?
5. ¿Cómo debe ser la relación del dueño de una propiedad con un inquilino?

I. Vocabulario

barbaridad	nonsense
justamente	precisely
anormalidades	abnormalities
reportarlos	to report them
desalojar	to evict
habitar	to live
estipulado	stipulated
soportar	to put up with
anomalías	anomalies
retener	retain
renta	rent
advertir	to warn
retirarse	to go away
desintegrarse	to disintegrate
aplastar	to squash
negligencia	negligence
encargado	person in charge
sonámbulo	sleepwalker
secuestrar	to kidnap
anonadado	speechless

III. Expresiones

Ya no se puede vivir en esta casa
Lo vi al pasar
Tendrá que acompañarme
No se resista y venga por las buenas
No nos vayamos del tema

Sala de apartamento desprolija y decorada con mal gusto. En la pared central hay cuadros psicodélicos.

Escena 1
(Bartolo y Mimí)

En el centro de la sala Mimí hace ejercicios de yoga. Está en posición de loto. Entra Bartolo.

Bartolo: (Entrando rápidamente) Mimí, ¿dónde está mi camisa blanca con rayas azules?

Mimí: (Que estaba muy concentrada) ¿Cómo?

Bartolo: ¿Dónde está mi camisa blanca con rayas azules?

Mimí: (Molesta) No sé.

Bartolo: ¿Cómo que no? (Regresando a la habitación) ¡¿Cómo que no?! ¡Qué barbaridad! Ya no se puede vivir en esta casa.

Escena 2
(Mimí, Rigoberto, Dueño)

Tocan el timbre. Mimí sigue concentrada en sus ejercicios. Aparece Rigoberto desde la habitación.

Rigoberto: (Abre la puerta que da a la calle) ¡Señor Máximo de la Oca! ¿Cómo le va? Justamente queríamos hablar con usted.

Dueño: Señor Rigoberto: He venido personalmente a cobrarles la renta del apartamento porque ya hace cinco meses que no me pagan.

Rigoberto: Permítame explicarle. Si no le hemos pagado la renta es porque varias veces le hemos hecho saber por medio del encargado del edificio que hay una serie de anormalidades que hacen imposible que podamos vivir aquí, y no nos han dado ninguna solución.

Dueño: Deben dejar el apartamento en tres días. De lo contrario me veré obligado a reportarlos a las autoridades correspondientes para que los desalojen por la fuerza.

Rigoberto: Es increíble que tenga usted el valor de amenazarnos, siendo que estamos sufriendo por su culpa.

ueño:	Para empezar, si su apartamento no está en condiciones no es por mi culpa, sino porque habita aquí más gente de lo estipulado en el contrato.
igoberto:	(Extrañado) ¿Cómo dice?
ueño:	Se supone que debe vivir un máximo de tres personas, y aquí viven ocho. Es un abuso.
igoberto:	Abuso es lo que tenemos que soportar nosotros. Espere un momento. (Va hacia la habitación)
ueño:	Pero… (Se queda mirando a Mimí que está haciendo raros movimientos con los ojos cerrados)
ligoberto:	(Entra con unos papeles en la mano) Para que usted sepa, tenemos documentadas todas las anomalías que existen en este edificio, motivo por el cual nos hemos visto obligados a retener el pago de la renta.
Dueño:	Ya estoy harto de cuentos. Mejor debería usted…
Rigoberto:	(Interrumpiéndolo) No me diga usted lo que debo hacer. No es mi madre ni mi abuela.
Dueño:	¿Cómo?
Bartolo:	(Entrando rápidamente) Rigoberto, ¿dónde está mi máquina de afeitar?
Rigoberto:	Qué se yo.
Bartolo:	¿Cómo que no sabes? Si ayer por la noche la usaste.
Rigoberto:	Ya te dije que no tengo idea donde puede estar.
Bartolo:	(Alterado) ¡Cómo que no! (Volviendo a la habitación) ¡Qué barbaridad! Ya no se puede vivir en esta casa.
Dueño:	Bueno, ya me voy a retirar. Pero le advierto que…
Rigoberto:	Ya le dije que no me amenace. Escuche esto: (Leyendo) Primero: el pasillo siempre está lleno de hojas, el encargado nunca barre; segundo: hemos pedido que venga un plomero y no nos han hecho caso; tenemos el baño tapado desde hace dos meses, y el mal olor llega hasta la calle; tercero: las cucarachas invaden nuestro apartamento de a cientos; cuarto: se han encontrado dos ratas hambrientas en la cocina; quinto: (Se interrumpe) Un momento (Aplasta con su pie una supuesta cucaracha). Ya

ve usted. Las cucarachas no nos dejan hacer nada. Ya son como de la familia.

Dueño: (Acercándose) ¿Dónde está la cucaracha? Yo no veo nada.

Rigoberto: (Pisando sobre el mismo lugar) Claro, ya se ha desintegrado. Pero no nos vayamos del tema. ¿Le parece que se puede vivir así? Aplastando y aplastando cucarachas todo el día. Imagínese, ni siquiera puedo salir a buscar trabajo. Alguien tiene que quedarse en la casa para eliminar las cucarachas.

Dueño: ¡Bueno, basta! Ya me voy. Tienen tres días para desalojar el apartamento. Se van o los hago sacar por la policía.

Mimí: (Que había estado escuchando. Grita fuertemente) ¡Aaaah! (Se levanta de un salto) ¡Una rata! (Se desmaya)

Rigoberto: (La ataja impidiendo que caiga al suelo) ¡Mimí! (Le da cachetadas para reanimarla) ¡Pronto, traiga un vaso de agua!

Dueño: (Asustado) Sí, sí, enseguida. (Entra a la cocina y sale rápidamente con un vaso en la mano. Nervioso y temblando) Aquí tiene.

Rigoberto: Ya ve lo que ha logrado. ¡Mimí, despierta!

Escena 3
(Rigoberto, Mimí, Dueño, Goyo, Bartolo y Maximiliano)

Goyo: (Entra desde la calle) ¡Mimí! (A Rigoberto) ¿Qué pasó?

Rigoberto: Vio una rata, se asustó y se desmayó.

Goyo: (Al Dueño) Le aseguro que si le llega a pasar algo a Mimí voy a hacer que se pudra en la cárcel.

Dueño: Pero, ¿yo qué tengo que ver?

Goyo: Si Mimí se desmayó es porque usted mantiene el edificio lleno de ratas.

Dueño: Yo no he visto ninguna rata.

Rigoberto: Pero encima lo niega. ¡Qué cínico! (A Goyo) Los tres vimos la rata, Mimí no resistió y se desmayó.

oyo:	(Al Dueño) Sabe perfectamente que Mimí sufre del corazón. Más le vale empezar a rezar.
ueño:	(Más asustado) Tendríamos que llamar al médico.
oyo:	Mejor váyase. Ya hizo bastante daño.
artolo:	(Entra rápidamente) Goyo, ¿dónde está mi libro de filosofía oriental? No puedo ir a trabajar sin él.
Goyo:	No sé.
Bartolo:	¡Cómo que no! Si te vi leyéndolo ayer por la noche.
Goyo:	Ya te dije que no lo tengo.
Bartolo:	(Regresando a la habitación) ¡Qué barbaridad! Ya no se puede vivir en esta casa.
Dueño:	Ya me retiro.
Goyo:	¡Ah, qué facil! ¡Claro! A usted le da lo mismo si Mimí se muere, ¿no?
Rigoberto:	Lo mínimo que podría hacer es pagar la medicina para el corazón.
Dueño:	¿Cómo?
Rigoberto:	Y claro, si al fin de cuentas la culpa es suya. Y por la situación en que vivimos debido a su negligencia, ni siquiera tenemos para comprar la medicina.
Dueño:	¿Cuánto cuesta?
Rigoberto:	Cien dólares.
Dueño:	¿Tanto?
Rigoberto:	Pero… ¿usted en qué país vive? ¿Cuánto quiere pagar por un medicamento?
Dueño:	No sabía que…
Rigoberto:	Y eso que lo compramos con descuento.
Dueño:	Bueno. Aquí tiene. (Le da el dinero)

Rigoberto:	¿Qué hace? ¿Qué me da?
Dueño:	Los cien dólares para la medicina.
Rigoberto:	Doscientos, señor.
Dueño:	Pero si usted me acaba de decir que cuesta cien dólares.
Rigoberto:	¿Cómo? ¿Y el "refill"? Cuando las pastillas se acaban, hay que ordenar otras inmediatamente, para no pasar por esta situación otra vez. ¿O usted cree que las pastillas son eternas?
Dueño:	Bueno, bueno. Tome los doscientos dólares. Pero con respecto a la renta…
Goyo:	(Interrumpiéndolo) Y no porque ha cumplido pagando este daño queda a salvo. Más le conviene llamarnos mañana para saber si el médico ordena nuevas medicinas.
Dueño:	Mejor me voy. Con ustedes no se puede dialogar. (Saliendo) Debería secuestrarlos uno por uno y darles un escarmiento.
Rigoberto:	(Gritándole) Y dígale al encargado que nos envíe al plomero inmediatamente.
Goyo:	(A Rigoberto) ¿Ya se fue?
Rigoberto:	(Mirando hacia la calle) Sí.
Mimí:	(Se levanta. Riendo a carcajadas) ¡Qué grandes actores somos!
Goyo:	(La abraza y la levanta) Felicitaciones Penélope Cruz. (Todos ríen)
Rigoberto:	Bueno, y ahora… a festejar. Música y a bailar todo el mundo.

Todos quedan anonadados cuando ven a Maximiliano pasar sonámbulo hacia la calle. Viste un calzoncillo floreado. Ríen nuevamente.

Rigoberto:	Bueno, ¡que siga la fiesta! (Pone música y comienzan a bailar)

Escena 4
(Rigoberto, Mimí, Goyo e Isolina)

Isolina:	(Llega desde el interior; medio dormida) ¿No vieron a Maximiliano?

igoberto:	(Para la música) Esteee… (Se miran los tres)
olina:	¿Qué pasa?
oyo:	Salió.
solina:	¿Adónde?
Mimí:	No sé. Iba sonámbulo.
solina:	¿Y lo dejaron salir así? (Silencio los tres) ¡Pero qué irresponsables!
igoberto:	Un momento. Debemos llamar a la policía.
Mimí:	¿Cómo?
Rigoberto:	¿Recuerdan lo que dijo el dueño? (Se miran con Goyo y Mimí)
Goyo:	¡Es cierto! Al salir, el dueño amenazó con secuestrarnos uno por uno.
solina:	(Confundida) ¿Qué dicen? No entiendo nada.
Rigoberto:	¡Claro! Vino el dueño a amenazarnos porque no pagábamos la renta.
solina:	¿A tal punto llegó?
Mimí:	Ve inmediatamente a llamar a tu amigo el policía que vive en el edificio de al lado.
Isolina:	Pero… ¿cómo?
Mimí:	No preguntes. Ve ya mismo y dile que secuestraron a tu hermano.
Isolina:	(Confundida) Sí, sí. Ahora mismo voy (Sale).

(Vuelven a reír a carcajadas y saltar contentos los tres)

Rigoberto:	Ahora sí vamos a bailar.
Mimí:	Pon el disco de Michael Jackson.
Goyo:	No, mejor el del reguetón.

(Siguen gritando y comienzan a bailar muy alegres)

Escena 5
(Dichos, Mimí y el Policía)

Tocan el timbre. Rigoberto abre la puerta y aparecen Isolina y el Policía.

Policía: Buenos días, señores. (Todos saludan) La señorita Isolina me puso al tanto del incidente. Primeramente desearía interrogar al dueño del edificio. ¿Cómo puedo comunicarme con él?

Isolina: Cuando veníamos para aquí lo vi entrar en el apartamento del encargado.

Policía: Vaya, por favor, y dígale que venga inmediatamente.

Isolina: ¿Y si se niega a venir?

Rigoberto: Ya sé. Tengo la solución. (Se dirige al teléfono) Hola, Ana. Habla Rigoberto. ¿Puedo hablar con el señor de la Oca, por favor? Es muy urgente. Gracias. (Mientras espera mira sonriendo a los demás) Hola, señor de la Oca. ¿Cómo está? Hemos reflexionado bastante sobre lo que hablamos hoy con usted, y decidimos pagarle la renta inmediatamente. ¿Podría venir por el cheque, por favor? Sí, pero tiene que ser ahora mismo porque tenemos que salir. Muchas gracias; es usted muy gentil. Lo esperamos.

Mimí: (Al Policía) Le agradecemos muchísimo que haya venido. Estamos muy preocupados por la repentina desaparición de Maximiliano.

Policía: (A Rigoberto) ¿Desde cuándo no lo ven? (Tocan el timbre)

Rigoberto: Disculpe. (Se dirige hacia la puerta. Exageradamente amable) Oh, señor de la Oca, pase por favor.

Dueño: Me alegro que hayan reconsiderado su posición.

Policía: ¿Señor de la Oca? (Mostrándole su credencial) Detective González. Mucho gusto.

Dueño: (Sorprendido) Mucho gusto.

Policía: Tome asiento, por favor.

Dueño: Lo siento, pero tengo algo urgente que hacer. Sólo vine a…

Policía: (Interrumpiéndolo) Señor de la Oca. (Seco) ¿Prefiere que hablemos aquí o en la estación de policía?

Dueño: (Se sienta) Sólo dispongo de unos minutos.

Policía: Todo depende de usted. (Pausa) Dígame, señor de la Oca: ¿Conoce usted al señor Maximiliano?

Dueño: ¿Se refiere al muchacho que vive en este apartamento?

Policía: Exactamente.

Dueño: Bueno… sólo lo he visto dos o tres veces.

Policía: ¿Podría usted decirme qué tipo de relación tenía usted con él?

Dueño: Sólo lo vi cuando vino a rentar el apartamento.

Policía: Bueno, bueno, bueno… No tenemos un buen comienzo, señor de la Oca.

Dueño: ¿Cómo? ¿Qué dice? No le entiendo.

Policía: Una contradicción muy significativa.

Dueño: (Nervioso) ¿A qué se refiere?

Policía: Primero me dijo que lo había visto tres veces, y ahora dice que lo vio sólo una vez.

Dueño: Es que lo vi al pasar nomás.

Policía: ¿Cómo dijo antes que lo había tratado al rentar el apartamento?

Dueño: (Con tics nerviosos, tartamudeando) Sí, pero sólo fue un diálogo intrascendente. ¿A qué se deben tantas preguntas?

Policía: Permítame que sea yo el que haga las preguntas.

Dueño: Disculpe, señor policía.

Policía: Sería inconveniente que aclare qué hizo hoy entre las tres y las cuatro de la tarde. ¿Podría usted responder eso?

Dueño: (Piensa. Más nervioso) A esa hora, esteee… (Se acuerda. Más animado) ¡Estuve aquí mismo!

Policía: (A Mimí) ¿Es cierto?

Mimí:	Señor detective: yo estuve todo el día aquí, haciendo ejercicios de yoga, y no he recibido la visita de nadie.
Bartolo:	(Entra rápidamente) Señor de la Oca: ¿dónde está Maximiliano?
Dueño:	(Enojado) ¡Qué sé yo! ¿Por qué me pregunta eso a mí?
Bartolo:	Porque ayer por la noche usted estaba con él.
Dueño:	No diga estupideces.
Bartolo:	Necesito hablar con Maximiliano antes de ir a trabajar. ¿Dónde está? (Lo agarra de la ropa, furioso)
Dueño:	Déjeme, imbécil.
Bartolo:	(Regresando a la habitación) ¡Qué barbaridad! Ya no se puede vivir en esta casa.
Policía:	Señor de la Oca: tendrá usted que acompañarme.
Dueño:	¿Cómo? ¿Por qué?
Policía:	Creo que cualquier comentario está demás. Hay suficientes indicios como para pensar que usted está involucrado en el secuestro del señor Maximiliano.
Dueño:	Pero…
Policía:	Cualquier cosa que diga podrá ser usada en su contra. Tiene derecho a permanecer callado y hacer una llamada telefónica. Vamos, por favor.
Dueño:	Un momento. Aquí hay un error.
Policía:	Mejor será que no se resista y venga por las buenas.
Dueño:	(Saliendo con el policía, gritando) ¡Soy inocente! Aquí hay un error. Un momento, un momento, por favor.
Isolina:	Yo voy con ellos para ver si puedo averiguar algo. (Sale)

Escena 6
(Mimí, Rigoberto, Goyo, Maximiliano y Bartolo)

Quedan todos mirándose, hasta que Mimí rompe el silencio.

Mimí: Rigoberto.

Rigoberto y Mimí: (Simultáneamente) ¡A bailar! (Todos ríen a carcajadas. Rigoberto
                pone música y comienzan a bailar. Tocan el timbre)

Rigoberto: (Abre la puerta) ¡Maximiliano!

Goyo: ¿Qué te pasó?

Mimí: ¿Dónde estabas?

Maximiliano: Me arrestaron por andar desnudo por la calle.

Rigoberto: (Divertido) ¿Y esa ropa?

Maximiliano: Me la prestaron en la estación de policía.

Bartolo: (Entra rápidamente) Maximiliano: ¿dónde está mi novia?

Maximiliano: (Sorprendido) ¿Qué?

Bartolo: ¿Dónde está mi novia?

Maximiliano: ¿Cómo voy a saberlo?

Bartolo: Sí que lo sabes. Te vi anoche hablando con ella.

Maximiliano: (Se dirige a la habitación) Ya te dije que no sé nada. (Sale)

Bartolo: ¡Qué barbaridad! Ya no se puede vivir en esta casa. (Sale. Los demás se
                miran anonadados)

TELON

Después de leer

I. Preguntas de comprensión:

1. ¿Cómo podría describir la personalidad de los inquilinos?
2. ¿Cómo es la personalidad del dueño del apartamento?
3. ¿Qué traman los inquilinos para no pagar la renta?
4. ¿Por qué el policía aceptó ir al apartamento?

II. Interpretación:

1. ¿Se hace en la obra un juicio moral sobre las acciones de los inquilinos?
2. ¿Cuál es su evaluación ética de lo que ocurre?
3. ¿Qué elementos o técnicas de comedia reconoce en la obra?
6. ¿Qué función cumple Bartolo en la acción dramática?
7. ¿Es la policía de su ciudad similar a la de la obra?

III. Temas para el análisis:

1. La convivencia en un espacio muy reducido.
2. La pobreza.
3. La acción policial.
4. La relación dueño-inquilino.
5. La manipulación de otras personas.
6. El ingenio para superar situaciones críticas.

Made in the USA
Columbia, SC
25 September 2019